人生の
ステージを
高めれば
すべて
うまくいく

自分を浄化すると幸せになれる

岩崎順子

あさ出版

はじめに

あなたは、「自分の人生」を生きていますか？

「こんなに相手のことを思っているのに、なぜわかってくれないのだろう？」

「こんなに会社のことを思っているのに、なぜわかってくれないのだろう？」


長い間、私の中にはこのような悩みがありました。

親の為、お客さんの為、従業員の為、会社の為に一生懸命やっているのに、なぜ私はこんなに満たされないのだろう？

何でこんなにしんどいのだろう？

人に裏切られては、傷ついたり、悩んだりを繰り返していたのです。

私はずっと「誰かの為」「何かの為」に生きてきました。

けれど、この生き方では、常に悩みや苦しみから逃れられない。

素直でいることができない。

自分の心の問題に気づいていく中で、苦しみの原因の根幹が、**「共依存」**であることに気づいたのです。

私はこれまで、

「親との共依存」

「兄弟との共依存」

「パートナーとの共依存」

「職場仲間との共依存」

と次々に様々な人と共依存関係に陥ってきました。


共依存という言葉を知り、「私、共依存に陥っているかも……」と薄々認識するようになったのは三十五歳を過ぎてからです。これまで、幾度となく大切にしていた関係ほど「絶縁」という形で終わらせてきました。

四十代になり、ようやくすべての共依存関係から脱出し、自分を浄化する技術——言い方を変えれば、「哲学」を身につけることができたのです。

その技術がまだ定着していない頃の私は、

「自分の人生を自由に生きてはいけない」

「誰かの為に生きなければならない」

と思い込み、他人の為に必死に生きようとして、無理をしては裏切られてばかりいました。まるで、神様から罰を与えられているような人生でした。

しかし、これらはすべて**自分自身への愛情不足からくる「共依存」が原因**だったのです。

親子関係や上司と部下の関係、友人関係など、すべての人間関係の悩みや苦しみから抜け出すには、この共依存の仕組みを理解することが、何より大切なことだとわかりました。

その後、私は二十年以上にわたり、延べ一万人以上の方々の個人セラピーや心理鑑定、さらにはセラピストの養成などを行っています。

私と同じ原因で人間関係をこじらせ、自分の人生を生きられていない人がいかに多いことか！

人間関係の悩みの中でも最も大きな問題は、「共依存」である――そのことを私は日々、実感しています。

さて、「共依存」とは、何でしょうか？

私のこれまでの経験上、共依存とは、

「愛情不足や自己愛の欠落した人同士が、お互いに相手に依存し合う関係性のこと」

だとわかりました。

自分自身への愛情が足りていないから、人は誰かに依存しようとするのです。

恋愛は「恋の病」と言われますが、共依存は「愛の病」と認識するとわかりやすいでしょう。

特に、「損得勘定」は、共依存関係に陥る原因の一つです。この人と一緒にいることでメリットがあるのかないのか――人は無意識に考え、選び、行動します。

不足した愛やお金を求めて、他人に依存する――つまり、共依存には誰もが陥るということなのです。
特に共依存体質の強い方は、親子やパートナーといった近しい関係の相手だけではなく、友人や知人、時には他人とも、共依存関係に陥ります。

共依存関係に陥ると、「自分の人生」を生きることができません。

共依存体質が強い人が側にいると、無意識のうちに共依存関係に引き込まれてしまいます。一度でも共依存関係という悪循環にハマると抜け出すことが困難な状況となり、最後には相手と「絶縁」という形でしか縁が切れないほど、苦しい関係になってしまうケースが多いのです。

共依存から抜け出し、自分自身を浄化して、様々な苦しい人間関係から自由になる為には、他者と適切な距離感を保ち、「自分自身の人生を生きる」と自分に約束することが大切です。

その方法などを細かく分析し、自分が今、陥っている共依存関係の原因となる意識状態のあり方や心の成長の度合いを四段階のステージに分類したのが、本書でご紹介する「**心**

の成長ステージ」です。

私の共依存の体験やクライアントの体験を元に、十五年以上の歳月をかけて、二〇一五年にようやくこの原理を**「あなた自身がパワースポットになる方法」**という形にまとめ、レイキ療法というエネルギーヒーリング（波動療法）を加えて体系化することで、人に伝えることができるようになりました。

本書で提唱する「心の成長ステージ」は、私が実際に悩んだり、苦しんできた体験や多くの方々をカウンセリングしてきた実体験から生み出されたものです。

もちろん、それぞれ個性があり、一人ひとり違います。

簡単に各ステージに分類できるものではありません。しかし、多くの方のカウンセリングをしていく中で、人間関係の悩みや苦しみというのは、ある程度パターン化されていることがわかりました。

それは、**他者や環境への「依存」の度合い**です。

会社であれ、家族関係であれ、恋愛関係であれ、友人関係であれ、ご近所との関係であれ、**人は他者に期待や執着といった依存をせず、様々なしがらみを浄化して主体的に生きることができるようになればなるほど、人間関係の悩みや苦しみはなくなり、自由になっていくのです。**

人間関係の悩みや苦しみ、精神の成長段階を「依存」と「自由」という観点からシンプルに分類し、「心の成長ステージ」としてクライアントや生徒にお伝えしたことで、皆さんが次々に良好な人間関係を築いていけるようになり、幸せを手に入れていきました。

人間関係が良好になることで、個人が持つ本来の生命エネルギー、つまり元氣（元々ある〝氣〟）が好循環を生み出し、仕事面や心身の健康面にまで反映していく奇跡を目の当たりにしてきました。

そんな中、多くのクライアントや生徒の方々から、

「この教えがもっと世の中に広まればいいのに」

「心の成長ステージを本にしてください」

「この教えを企業や教育者の立場の人たちに伝えて欲しいです」

といった声をいただくようになりました。

そこで、共依存から抜け出し、自分自身を浄化する方法として、この「心の成長ステージ」の考え方が世の中のお役に立ち、多くの方の人間関係や仕事、心身の健康を良い状態にしていくのなら——私はそう思い、一冊の本にまとめる決意をしたのです。


時代の移り変わりと共に、人々の求めるものは大きく変わりました。「集団」を重んじていた時代から、「個」を重んじる時代へとシフトしているのです。

また、昨今はコロナショックで多くの人々が仕事を失い、世界中の経済が史上最悪な状態となりました。

命の安全よりも経済を追い求め過ぎた結果、ウイルスの感染が拡大し、多くの死者が出ても、会社や仕事を休まない人々が後を絶たなかったからです。

親やパートナー、子ども、友人など、人への期待や執着だけが「依存」ではありません。

会社や役職、経済への期待や執着もまた、一つの「依存」です。

今、目の前にあるこの現実を見れば、私たちが、「個」を大切にして心の豊かさや自由を求めているにもかかわらず、

「会社の為に頑張らなくてはならない」

「会社を休んではならない」

「自分を犠牲にしてでも人に迷惑をかけてはならない」

といった古い価値観の呪縛《じゅばく》から逃れられず、苦しんでいる事実は明白ではないでしょうか?


本書は、**新たな思考パターンを作る為のマニュアル本**です。

これまで私たちを支配してきた共依存関係を乗り越えて、自分を浄化することにより〝自由な個人〟として生きていく為の新しい指針となり得るものです。

この本を手に取ったあなたは、古い価値観から解放され、新しい人生を踏み出すチャンスを手に入れました。


自分は今、どの「心の成長ステージ」にいるかを理解していく中で、様々なタイプの「共

依存」から抜け出すことができます。

そして、これまで「常識」だとあなたが思ってきた人との関わり合い方が、一変する体験が起こることでしょう。

家族や職場、学校、友人、ご近所など、新しい人間関係のあり方のヒントとして、本書がお役に立つことを願っています。

元の氣塾・代表　岩崎順子

ステージ 2 「自力的・他人軸・共依存」

ステージ1とステージ2の関係性から見る生き方

ステージ 3 「自己愛・自分軸・自己変革」

ステージ4 「共同創造・自分軸・他者受容」

常にステージ4で生きる為に

プロローグ

高めることですべてがうまくいく「心の成長ステージ」とは

本書でご紹介する「心の成長ステージ」とは、**他者と関わる際の意識状態**を1～4のステージで表したものです。

人や社会とどんなふうに関わっているのかを判断する為の指標となります。

この「心の成長ステージ」活用することで自分が今、他者とどのような関係にある為に人間関係がうまくいかないのか――それを客観的に理解できます。それぞれのステージ（他者との関わり方の位置）の特徴やそこから具体的に変化する方法も示唆しています。

「心の成長ステージ」のどこに自分の意識状態があるかを明確に知ることで、今あなたが陥っている共依存の関係から解き放たれ、新しいステージへの道が拓けるのです。

一つだけ注意していただきたいのは、このステージは階段を上がるようにレベルアップしていくものではない、ということです。

ステージは四つ設定されていますが、ステージ1とステージ2のどちらの意識状態が上ということもありませんし、ステージ1の意識状態を抜け出したから自分はステージ2の意識状態になった、という固定的なものでもありません。

ステージは、その時のあなたの心のあり方（意識状態）により常に変動します。

例えば、「この組織に関わっている時はステージ1」「この人と関わっている時はステージ2」といった具合です。

また、置かれた環境や状況によっても、意識状態は変わります。家庭では人任せで依存心の強い意識状態でも、職場ではリーダーとして周りをサポートする意識状態になっている人もいるかもしれません。

このように異なるステージの意識状態が、一人の人間の中に共存していることは、普通にあり得るのです。

各ステージの意識状態は、次のようなものです。

ステージ1とステージ2の意識状態の人は、他人軸で生きている為、お互いに依存し合う「共依存」のステージです。良くも悪くも運命を共にする「運命共同体」の関係性であるとも言えます。

一方、ステージ3とステージ4の意識状態の人は、自分軸で生きています。ステージ3は、他人と自分を区別して、自分の個性を大切にし、自分の生きたいように生きている意識状態です。このステージ3の意識状態の人たちが自分たちだけでなく、他人の個性をも受け入れられるようになるとステージ4の意識状態になることができます。

つまり、ステージ4の意識状態は、お互いに様々なもの（個性や役割、能力など）を与え合い、受け取り合うという「相互依存」のステージです。一人ではなく、誰かと同じ夢や目標を抱き、共に自主的に行動する「共同創造」の関係性であると言えます。

基本的に、人間関係で悩んだり、苦しんだりするステージ1とステージ2の意識状態から（この二つはどちらが上ということはありません）、精神的に自立していて、自由な意識状態であるステージ3を目指す、というふうに捉えてください。そして、その延長線上に、チームプレーであるステージ4の意識状態があります。

自分が今、誰かや何かとの関わりに苦しんでいたり、うまくいかないと感じたりしている人は、大抵ステージ1とステージ2のどちらかの意識状態に当てはまっています。

ステージ1～ステージ4の各意識状態と関係性

人との関わりが苦しい
共依存ステージ

ステージ1

他人に依存する形の
他人軸の共依存状態

ステージ2

他人に依存する形の
他人軸の共依存状態

人との関わりが楽しい
精神的に自立した自由なステージ

ステージ3

依存関係から自由になった
自立した自分軸の意識状態

ステージ4

自立した自分軸同士の
共同創造の状態

その時、相手との共依存の関係がより深く陥らないように、
「ステージ1やステージ2の意識状態に陥りかけている」
「ステージ1やステージ2の意識状態に陥ろうとしている」
「ステージ1やステージ2の意識状態にどっぷり陥っている」
というふうに自分の意識状態に気づけば、その関係を回避したり、脱したりすることができるのです。

それには、自分の苦しみの原因が、ステージ1とステージ2のどちらの意識状態にあるのか、はっきりと気づくことが必要です。

常に「自分の意識状態がどこにあるか」を自己認識することが、今の苦しい状況から抜け出すポイントです。

そして、**「自分らしく、主体的で、自由に、のびのびと生きる」**というステージ3やステージ4の意識状態を目指すというふうに、「心の成長ステージ」を捉えて、活用してみましょう。

自分を知り、自分を変えることが、すべての問題における根本解決の第一歩です。

苦しい状況から何とか脱しようとして、他人や組織といった周囲の環境を変えようとし

ても、なかなか変わるものではありません。ものすごく莫大なエネルギーを使い、人間関係を変化させようと一生懸命頑張っても、結果的に何も変わらないことに絶望し、「人生なんてこんなものさ」と思って生きている方も多いかもしれません。

しかし、自分が今どのステージにいて、どんなふうに他人や組織と関わっているのか、誰と共依存の関係に陥っているのか――そのことを明確に認識すれば、他者への対応の仕方や自分がどう変化すればいいのかがはっきりとわかります。そうすると、自ずと周囲や環境も変わっていくのです。

自分が変われば、不思議なことに周囲も変わります。

つまり、人というのは自分次第で、誰でも幸せになることができるのです。

「心の成長ステージ」を認識すると、具体的には次のようなことが起こります。

1. 人間関係が変化し、環境を変えることができる
2. なりたい自分になり、自己実現力が高まる
3. 自分自身が浄化され、パワースポットのような存在になる

年齢や経験は関係ありません。難しいテクニックも必要ありません。今、この瞬間から、自分の意識状態を自己認識するだけで、これらのことがどんどん変化していくのです。

まずは、自分の「心の成長ステージ」がどこにあるのかを見つけてみましょう。

自分の意識状態に気づき、あなたが囚われている人間関係を浄化することから、誰でも新しい人生を歩み出すことができます。

ステージを意識して動くことで、気づけばあなた自身が浄化され、パワースポットのようなエネルギーに満ちた存在になって、周囲にいる多くの人々に愛や元気を与えることができるようになっていることでしょう。

「心の成長ステージ」全体図

「心の成長ステージ」は、１～４まであります。「自分の為に生きる」には、まずは自分軸でいられるステージ３を目指しましょう。そこから、同じ自分軸で生きている人たちと関わっていくことでステージ４になることができます。

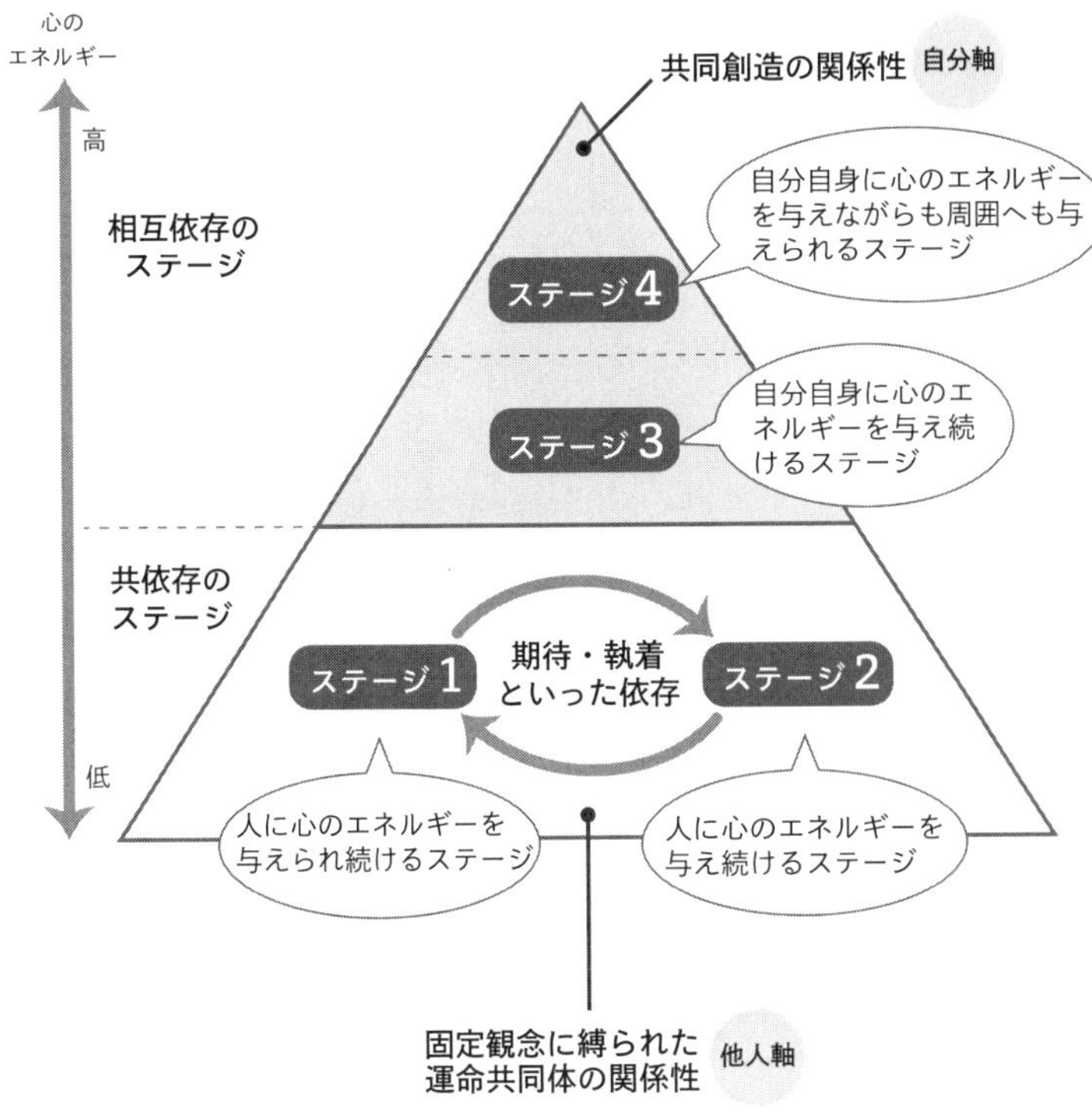

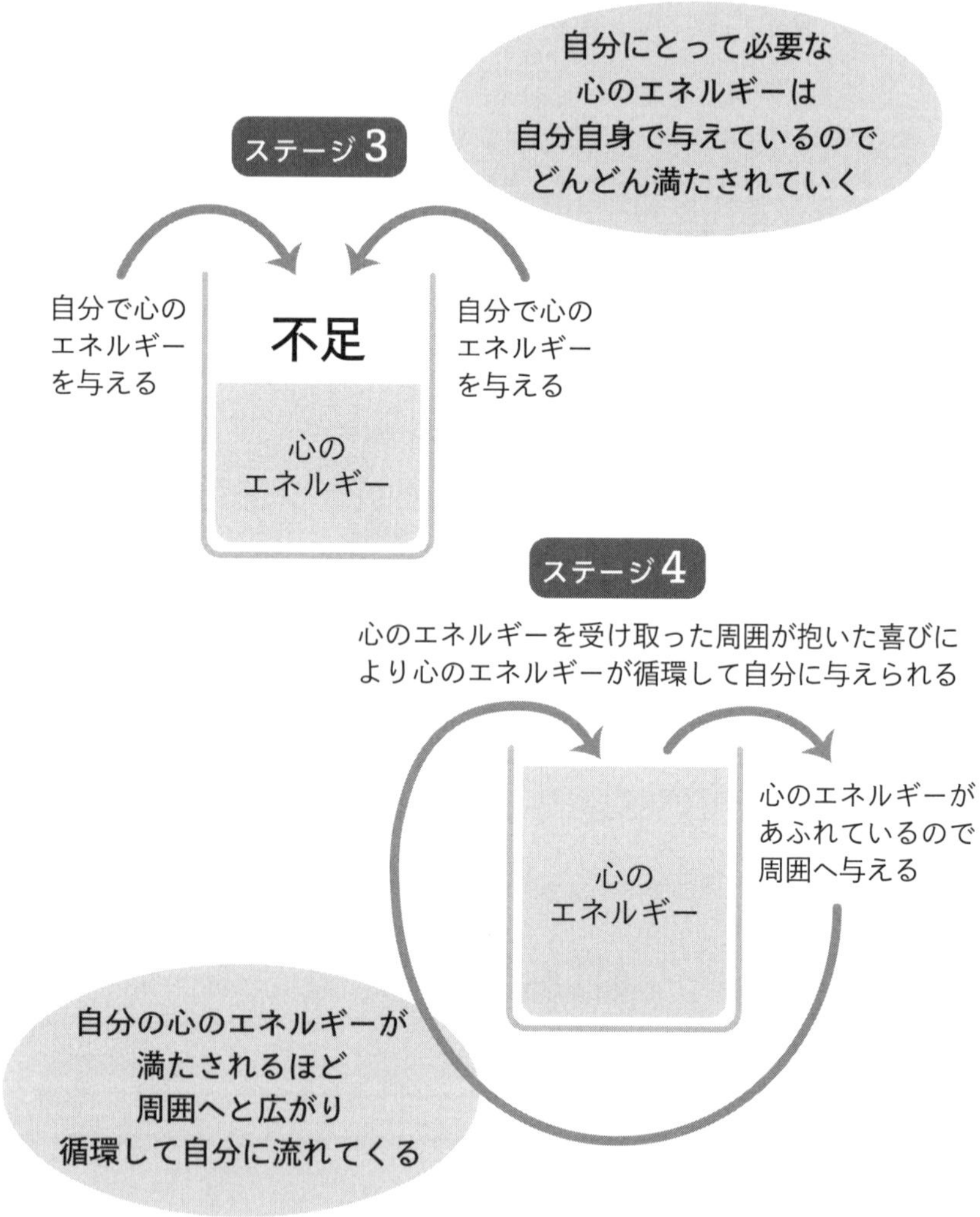
自分にとって必要な
心のエネルギーは
自分自身で与えているので
どんどん満たされていく
ステージ3
自分で心の
エネルギー
を与える
不足
心の
エネルギー
自分で心の
エネルギー
を与える
ステージ4
心のエネルギーを受け取った周囲が抱いた喜びに
より心のエネルギーが循環して自分に与えられる
心の
エネルギー
心のエネルギーが
あふれているので
周囲へ与える
自分の心のエネルギーが
満たされるほど
周囲へと広がり
循環して自分に流れてくる

各ステージにおける心のエネルギー状態

心のエネルギーは、私たちが本来持っている"生命エネルギー"のことです。

ステージ１とステージ２は、お互いに期待・依存し、エネルギーを与えあっている為、どちらも満たされることはありません。

ステージ３とステージ４は自分軸で生きている為、エネルギーを満たしたり、満たされます。さらに、ステージ４にもなると、エネルギーがあふれているので、周囲へと広がり、好循環を生み出します。

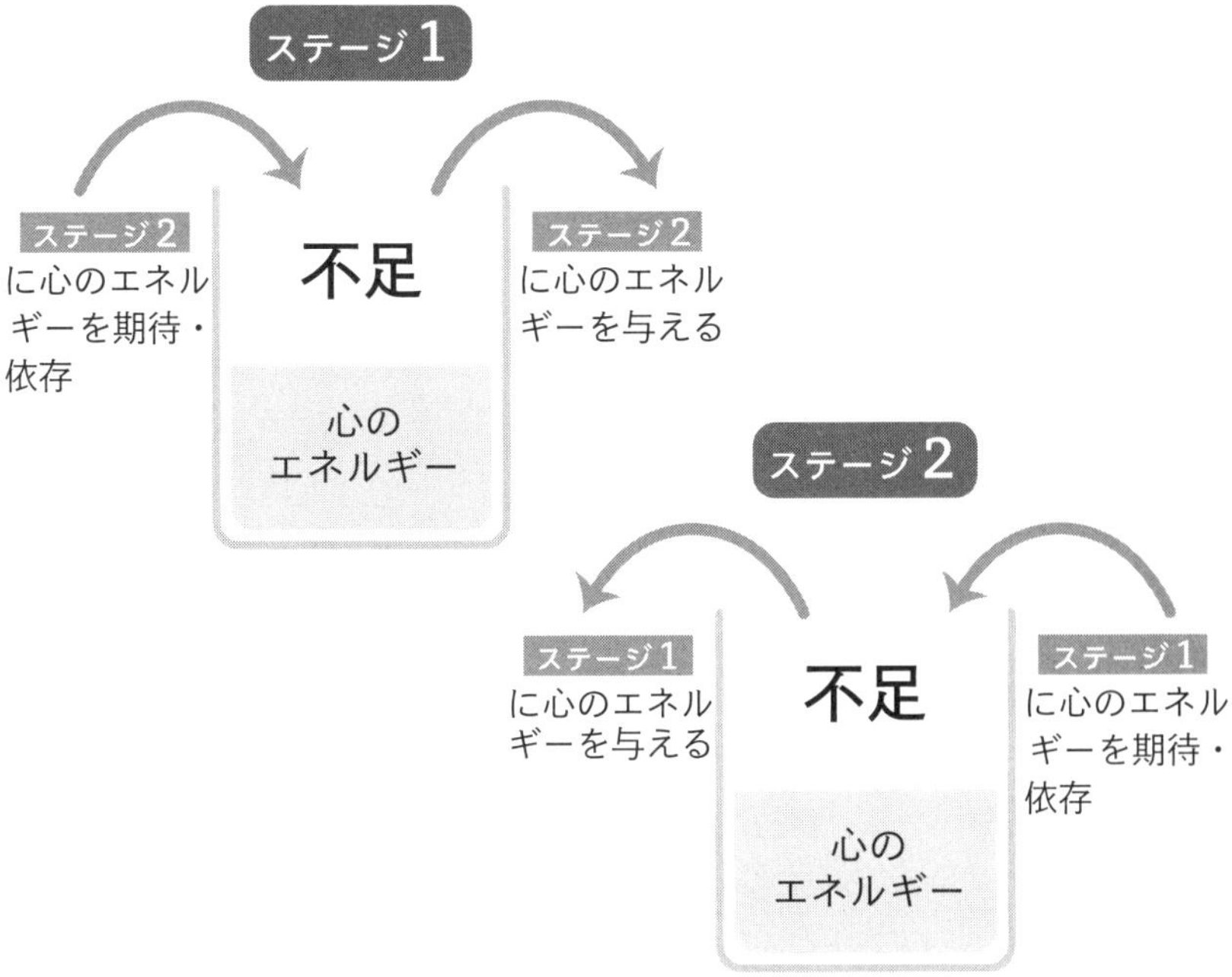

どちらも一向に心のエネルギーが
満たされることはないので
ステージ１とステージ２は
ずっと足りない枯渇状態

- ステージ１の意識状態とは
- ステージ１の意識状態になりやすい人のタイプ
- ステージ１の意識状態から抜け出す為に
- ステージ１の簡易チェック表

ステージ

1

「依存的・他人軸・共依存」

ステージ1の意識状態とは

ステージ1とは、自分一人では主体的に行動することのできない意識状態です。

子どもが親から養ってもらわなければ生きてはいけないように、大人になって社会に出てからも、親や兄弟、パートナー、友人、上司など、常に誰かに依存していないと生きてはいけません。

つまり、「自分がどうしたいか」といった自分軸よりも、「人がどう思うのか？」といった他人軸でいます。また、人以外にお金や社会的地位、肩書き、環境といった何かに依存する場合も同様です。

自己評価が低く、「自分はそれほど価値のある人間ではない」と潜在的に思い込んでしまっています。そのため、誰か（何か）の犠牲になっているという意識状態が先行し、「自分がつらいのは、○○を与えてもらえないからだ」という思考に陥りがちです。

次の三つのうち思い当たることはないでしょうか？

①他人から言われたことを器用にこなすことはできるが、能動的に動いたり、責任を持って行動したり、新しい企画を作ったりすることが苦手

②独立してビジネスを立ち上げるようなことは無理だと思っている。自分に自信がないので、チャレンジする前に「そんなの無理」と諦めてしまいがち

③経済的にも精神的にも、「自立する」「自分のやりたいことをして生きる」ということができると思えない

こうした傾向があるとしたら、ステージ1の意識状態である可能性が高いです。

ステージ1の意識状態にいる時、人間関係の問題の種は、自分が依存している相手（親や上司など、自分に対して主導権を握り、支配している存在）です。

ステージ1の意識状態にいる時は、いくら人から愛情やサポートなどを与えられても幸せや感謝を感じることはなく、むしろ与えてくれることを無意識のうちに期待する、という依存状態となっています。

そのため、相手が自分の想いを察してくれなかったり、自分の期待が外れると怒りが込み上げ、時にわがままや癇癪《かんしゃく》を起こすことがあります。堪えていたものが爆発し、キレやすい心理状態でもあります。

自分の期待通りの結果や欲しい結果を相手に伝えなかったり、むしろ気づかれないようにする為、自分の手で思い通りに得ることができません。そんな無力な自分に対する怒りが、目の前の相手に対して向けられてしまうのです。

また、自分自身のあり方を根本的に信頼していない為、本来の「自分らしさ」を出すことが非常に難しくなり、人との関係に対し、自分を押し殺しつつ割り切った役割に徹した行動を取りがちです。

こうした意識状態が、慢性化・固定化し、常にステージ1の意識状態で人と関わって生きるようになると、ストレスや我慢が絶えず、常に被害者意識や犠牲者意識をも抱き続けることになります。

ステージ1の意識状態になりやすい人のタイプ

ステージは個性のようなものではなく、今、あなたが置かれている環境や人間関係によって変化していくものです。

ここでは、比較的ステージ1の意識状態になりやすいタイプをご紹介します。自分に当てはまるタイプがあるかを確認してみましょう。

タイプ1　過保護や過干渉の家庭で育った人

「常に誰かが何とかしてくれる」

「親や兄弟、上司といった誰かが自分の手を引いてくれる」

「自分は一人では何もできないから誰かがやってくれる」

などといった依存的な意識状態を持っている人は、ステージ1になりやすいです。

つまり、ステージ1の意識状態に留まりやすいタイプの人というのは、親子関係で言えば一人っ子や末っ子、兄や姉がいる人に多いようです。親や兄、姉に守られて、自分の意志で立つチャンスを奪われてきた人や、能動的に責任ある行為をする機会に恵まれなかった人が、他人へ依存しやすい傾向があります。

常に誰かから助けを与えられ、サポートされて、「どうせあなたはできないでしょう?」と手を差し伸べられながら生きてきたことで、「自分は一人では何もできない」という意識に陥ってしまったのです。

自分の足で立って生きていない為、**自己肯定感が低く**、自分に自信がありません。幼少期から、自分は常に誰かに守ってもらわなくてはならないのだと弱い立場であることを受け入れてしまっているので、この感覚が大人になっても抜けないのです。

親が過保護や過干渉で、何もかも与えられたり、言いなりになってきた一人っ子というのは、ステージ1の意識状態が育ちやすい環境にあります。もちろん、一人っ子でなくとも、過干渉の親に育てられた場合は、他人に依存しやすい性格になってしまいがちです。

例えば、

「あなたは私の言うことを聞いていればいい」

「私の選んだ高校や大学に行く為に勉強だけを頑張りなさい」

などと親から言われて、その通りにしていると、自分の意志で動き、決断するという経験をすることがなくなってしまいます。結果的に、大人になっても自分の意志で動くことが苦手になり、他者に依存してしまうのです。

しかし、**自分では「依存状態にある」ことに気づきません。そのため、依存度がどんどん強くなってしまいます。**

依存度が強いということは、他人や環境によって、精神状態を左右されてしまいがちだということです。

タイプ2　自分を信じることができない人

子どもの頃に「どうせあなたにはできない」などという言葉をたくさん浴びてきた為に、大人になっても「どうせ自分にはできない」という思い込みから抜け出せない人です。

反対に、「あなたなら絶対できる」と言われて、やりたくないことを我慢し続けてきた結果、親や誰かの期待に応える為の行動や言われたことをそのままやることしかできない、自分で選んで何かに取り組むことができないといった指示待ちというタイプでもあります。

つまり、タイプ2の特徴は、**「自分を信じることができない」**ということです。

自分で全部決めて、やってきたという成功体験がないので、自分を信じることができず、誰かが導いてくれないとできないという意識状態が当たり前になっています。

その結果、「自分にはたいした価値がない」などと思い込み、仕事に関しても「生活する為に働いている」などといった受け身になりがちです。

こうした意識状態が幼少期からベースとしてできてしまっている為、仕事や家庭環境にしても、自分で選び取って能動的に他者と関係を築くのではなく、親のしつけや周囲の環境が、そういう状況を知らず知らずのうちに形作ってしまっているのです。

小さな頃から鳥かごの中で育った鳥は、「自分は飛べない」と思い込み、かごから出しても逃げないでいます。本当は飛べるのに自分では気づいていないのです。

タイプ3　誰かに対して癒着願望がある人

おしどり夫婦という言葉がありますが、彼らはいつもべたべたくっついているわけではありません。

私はこれまで多くの方々のカウンセリングをしてきましたが、うまくいっている夫婦は、必ず**「適切な距離感」**を保っていました。

単身赴任や別居婚をされている方もいますが、ほとんどの夫婦が同じ家で一緒に生活をしていますす。長い間、近くにいるからこそ、なおさら相手の世界を尊重する距離感を保つことが大事なのです。ビジネスパートナーも同じです。「運命共同体」という言葉がありますが、共にあり続けるには、結びつきが強過ぎると不自然になり、バランスが崩れてしまいます。

四六時中一緒にいるような、付き合ってまだ日が浅いカップルは除いて、あまりに距離感の近い癒着し合う関係は、恋愛関係にあってもちょっとしたことでバランスが崩れてしまいがちです。「運命共同体＝共依存」になってしまっているからこそ、相手との「違い」が生じた時に、それがズレや違和感、不和になってしまい、関係が破綻してしまうのです。多くのカップルも見てきましたが、癒着し合った関係が長続きして成功しているケースはほとんど見たことがありません。

もちろん、「日那さんの為に人生を捧げて、尽くしてきて幸せ」という方もいるかもしれません。しかし、それは相手の世界観を尊重して、適切な距離感を保って尽くしている場合がほとんどなのです。

例えば、『ゲゲゲの女房』でドラマ化した水木しげる先生の奥様は、その典型でしょう。

彼女は、水木先生の世界観を尊敬し、一歩、距離を置いていたからこそ良好な関係を築くことができたのだと思います。必ずしも、水木先生の妖怪の世界と一体化していたわけではないのです。

人間には、癒着願望があります。

癒着願望というのは一言で言うと、「愛の欠落」です。

愛する人との癒着、権力との癒着、組織との癒着……。

癒着することによって、自分が満たされていないものを満たそう、足りないものを補おうとします。

愛が足りていないから誰かに癒着したがり、何かに依存したがるのです。

しかし、愛は癒着とは違います。

尊敬に裏づけられた適切な距離感がもたらすバランスの中から、自然と生まれてくる愛は、**調和的な関係**なのです。

タイプ4　出世したくない人

「出世なんかしたくない」

「中間管理職になりたくない」

「自分の時間が欲しい」


昨今、このような個人主義的な価値観を持つ人が増えています。

彼らは、「もっと自分の時間が欲しい」「自分の好きなことに時間を費やしたい」「自分のプライベートを充実させたい」と考えています。

具体的には、次のような想いです。


「上司に気を遣う飲み会に行くよりも、家でゲームをしていたい」

「会社の仕事は上司の言う通りにやるけれど、給料以上のことはしたくない」

「別に、頑張って出世したくもないし、今のままでいい」


こうした考え方は一見、怠け者でやる気がないように捉えられがちですが、実は、自分の心に正直なだけです。素直で自然体なので、自由な境地であるステージ3に近い意識状態なのです。

ただし、本当に自分のやりたいことを持っていたり、充実した時間を過ごせているのならそれでいいのですが、これといった目標があるわけでもなく、自己実現を果たすこともできず、宙ぶらりんの人も多いようです。

「自分の為の時間を過ごしたい」というよりも、

「面倒な仕事はしたくない」

「会社で過ごす時間を減らしたい」

「面倒くさい上司から一刻も早く逃れたい」

という気持ちが先に立っているのなら、それはただの現実逃避です。

結局、「出世したくない」だけで「ありのままの自分」というものを理解しておらず、自分に自信もなく、本当にやりたいことがわかっているわけでもないので、いざとなると会社や上司の言いなりになって、目の前の相手に依存してしまう他人軸で生きることになってしまうのです。

タイプ5　誰かがやってくれて当たり前だと思っている人

私にはかつて、海外に住んでいる仲の良い友人がおり、その人とは「いつか一緒に色々な国を一ヶ月間ほど旅行しよう」と約束していました。後日、念願叶って一緒に旅行することになりましたが、私は全く英語を話すことができないので、旅行中は英語を話せる友人が通訳をしてくれるものだと思い込んでいました。

しかし、友人は全く通訳をしてくれなかったのです。むしろ、「自分で話しなさい」という感じで、ほったらかしでした。

友人が通訳をしてくれるのが当たり前だと思い込んでいただけに、その反動から大きなショックと怒りを覚えてた私は、この友人とは帰国後に疎遠になり、関係は切れてしまいました。

この時の私は、**友人に対してステージ1の意識状態**でした。

ステージ1の意識状態で誰かと接している時は、「やってもらって当たり前」という気持ちでいます。

ですから、自分の思った通りにやってもらえないと、必ずと言っていいほど被害者意識が強くなり、相手に対して不満を抱きます。やってくれると、もっともっと依存してしまいます。「できないのだから仕方がない」「やってもらって当たり前」だからです。

このように、**自分に自信がない場合は、「誰でも他人に依存する、ステージ1の意識状態になる可能性がある」**ということを理解しておいてください。

＊＊＊

「心の成長ステージ」は、自分で自分を愛するためのステップです。

ステージ1の意識状態の人は、**自分を本当に幸せにすることができるのは自分自身だけであるという真実に気づくことが**、ステージ3やステージ4の意識状態にステップアップする為の課題となります。

今、自分がいるステージを認識し、次にご紹介するステップを一つひとつ踏んでいきながら、**自分の中に欠落していた愛を取り戻していきましょう。**

ステージ1の意識状態から抜け出す為に

誰かに依存していないと心の安らぎが得られないのがステージ1の意識状態です。ここから抜け出すことで他人軸ではなく、自分軸で「自分らしい生き方」ができるようになります。そのためには、まず自分の依存状態に気づき、その関係から少しずつ距離を置くことが大切です。

次のステップを踏んで、ステージ3の意識状態である自由な境地を目指しましょう。

ステップ1　常に自己認識をする

まず「自分が依存状態にあること」また、「誰にどのように依存しているか」を自己認識することから始める必要があります。

自分自身が精神的に自立しておらず、自己評価が低い、依存体質であることを認め、**それらが自分の性格的なものではなく、環境により生み出されたものなのだ**と理解することが第一歩です。

これらは持って生まれた性格ではなく、親や周囲との環境によって生み出されたものであることがほとんどなので、変えることができるはずです。

そのためには、自分が「誰に依存しているのか」「何に依存しているのか」を自己認識する必要があります。

まずは、**自分の心の中にある「ありのままの感情に目を向ける」**ことから始めてみましょう。

- 認められたい
- 褒められたい
- もっともっと愛されたい
- ご褒美が欲しい

身近な人に対して、このような**自己承認欲求**を抱いていないでしょうか？

その人こそが、あなたが今、依存している共依存関係の相手です。

例えば、依存相手に対してネガティブな「怒り」の感情が湧いてきたとします。もしかするとそれは、相手が自分の期待とは違う反応をしたから生まれてきた感情かもしれません。

あるいは、相手の行動が自分の中の常識やルールという固定観念から外れていたから生まれてきた感情かもしれません（前述した、私が友人と旅行をした時のように）。

つまり、これまで信頼し、依存していた相手が自分の期待していたイメージと異なる言動をしたから、あなたは傷ついたのではないでしょうか？

この人は自分を認めて、肯定してくれるはずだ――その期待に相手が応えてくれなかったから、怒ったり、傷ついたりしている……。

結局、そこにあるのは、**「相手に認められないと自分には価値がない」**という他人軸が根底になっている依存心であり、自分自身への愛の欠落なのです。

「本当は、私はその人に愛されたくて、認められたくて仕方ない。それが満たされなかったから、自分は相手を非難して、怒っているのだ」

こんなふうに、最も身近な相手に対する一つひとつの感情から、自分自身の真実の姿を発見して、自己認識していくことが、自分を変える最短のステップとなります。

ステップ2　できることは自分でやる

「精神的に自立していくこと」は、「一人で孤独に生きていくこと」とは違うという認識を持つことが、ステージ1の意識状態から抜け出すポイントとなります。

ステージ1の意識状態の人は、「自分なんてだめだ」という諦めや自己否定がある分、今までの自分のあり方を手放しやすく、変わりやすい立場にあるとも言えます。

ステージ1の意識状態の人が、自由に生きられるステージ3の意識状態に変わる時に一番問題なのは、いかに勇気を持って「自分の足で立つことに対する恐怖や不安」を捨てられるかどうかということです。

まず、何も与えてくれない人に対して、心の中で期待したり、批判している自分に気づいた時には、その人への期待や批判はやめましょう。相手は神仏ではなく、完璧でもないのです。

次に、「与えてもらう側」「受け取る側」ばかりでいるという関わり方を選択することをやめ、**「自分でできることは自分でやる」**と決意して行動しましょう。

「自分でやる」という意識を持つことが、ステージ1の意識状態から抜け出すきっかけになります。

自分を信頼し、「面倒なことでも自分でやってみる」と意識すること。

その意識をはっきりと持ち続けることが、ステージ3の意識状態に近づくセカンドステップになります。

ステップ3　距離感を大切にする

共依存関係の中に生きているステージ1の意識状態の人は、**相手との距離を適切に取ることができない**傾向にあります。

依存相手に距離を置かれると「寂しい」「信頼されていない」「孤立している」と感じたり、「不安」になったりします。

そのため、自分のほうから「信頼しているよ」と近づいたり、相手に愛情を求めたり、与えたりしようとしますが、そこに適切な距離感がない限り、この依存関係から抜け出すことがなかなかできません。当然、誰かに頼り、依存し続けるという自分自身の意識状態も変わりません。

子育ても同様です。

愛してあげることと、自分の足で立たせることとのバランスをとって接することが必要です。ある年齢になったら、いくら手放したくないほどかわいい我が子であっても距離感を持って接することが大事です。

誰かが自分の為に一生懸命何かをやってくれているのを見たり、「ものすごく愛されている」「想ってもらっている」と感じたりするのはとても嬉しいことです。特に幼い子どもにとっては、親からの愛を一身に受けることが一番大切なことは言うまでもありません。

しかし、残念ながら誰かの手の中で生きている限り、そこには必ず大きなゆがみが出てきてしまうのです。

繰り返しますが、期待と癒着で繋がっている関係のことを「共依存」と言います。

共依存関係は、長続きしません。

相手への尊敬や愛が本当の意味であるわけではなく、お互いに自分を肯定する為に依存し合っているからです。

親子や兄弟ともなると、この共依存関係を断ち切ることは大変です。私も経験しましたが、血縁関係はそうそう簡単に断ち切れません。ですから、過干渉やマザコンなど、親子関係などの共依存関係を根本的に解消する為には、**自分が相手に依存していることに気づき、自分が変わることで、共依存関係も自ずと解消され、変化していくのを実感する**でしょう。**自分が変わるほかないのです。**

夫婦やパートナー、友人、上司、部下の場合、この共依存関係はほとんど壊れてしまい、絶縁に繋がります。なぜなら、共依存関係が人として不自然だからです。

良好で末永いパートナーシップを築く上でもっとも大切なことは、相手との適切な距離感です。

共依存に陥ると、最初は良好な関係にあるように感じられるかもしれませんが、最終的には、「裏切り」と「絶望」の形になることがほとんどです。

ですから、お互いの家庭や仕事、相手の趣味、世界観など、様々なものを尊重し合い、理解し合うことで生まれる距離感が大切なのです。

距離感があることは愛情が薄いわけではなく、相手のことを尊重し、理解し合っているからこそ生まれてきます。

相手の世界を尊重するからこそ、距離を置き、相手もまたあなたの世界を認めてくれる――それが良好なパートナーシップの秘訣です。

ステップ4　共依存している相手の意見に耳を傾けない

ステージ1の意識状態から抜け出す為には、共依存している相手の要求や意見に必要以上に耳を傾けないことが大切です。

「親の言うことは聞かなくてはいけない」
「上司の言うことは絶対だ」

こんなふうに思い込んで、自分の本心を表現することを諦めているステージ1の意識状態の人は、**「違う」と思ったことに対して、自分の意見を述べたり、距離を置いたりする**ことができません。

他者の問題か自分の問題かをしっかり分けて考え、「ＮＯ」と言ったり、線引きすることを意識することで、他人の目を気にすることなく、「あるがままに自分の人生を生きる」ことができるようになります。

とは言っても、共依存関係にある人たちは、お互いが依存していることになかなか気づけないものです。あまりにも相手との距離が近い為に、自分たちの関係を客観的に見つめることが難しい。

結果的に、なあなあの関係になって、「ちょっとうっとうしいけれど、上司の言うことを聞いておけばいいか」などと妥協してしまい、さらに深みにハマってしまうことがあります。

共依存関係に深く陥る前に、ここまでにご紹介した1〜3のステップ一つひとつを意識的に実践し、依存している相手から距離を置くことを心がけましょう。

ステップ5 「やりたいこと」に意識を向ける

自分に対する信頼がなく、自由に生きたいという想いを抑圧していたり、完全に諦めたりしているのがステージ1の意識状態に陥る人の特徴です。

まずは、「自由に生きてもいい」ということに気づきましょう。そして、**「やりたいこと」**

に意識を向けて、活動していくことが、ステージ1の意識状態から抜け出すきっかけになります。

趣味でも、遊びでも、旅行でも、何でもいいのです。人の目を気にせず、思い切りやりたいことをやってみましょう。そこで「時間がないからできない」「お金がないから行けない」などと言って諦めてしまわずに、一歩踏み出してみましょう。すると、自由の世界が拓けます。

- 子どもの頃から絵を描くのが好きなら、絵を描いてみる
- スポーツが好きなら、スポーツをしてみる
- 旅行が好きなら、旅行をしてみる

このように自分らしくいられる時間を作り、体験していくことで、他人に依存せず、他人の評価に左右されない、自分自身の世界観を確立していくことができます。

やりたいことが見つからなかったら、〝一人行動〟をしてやりたいことを見つけてみるのがお勧めです。「一人でご飯を食べに行く」「一人旅をする」「一人暮らしをする」など、これまでの慣れ親しんできた依存関係から抜け出し、自分で決め、自分で動くことを意

識していくうちに、本当にやりたいことが見えてきます。

家族や社会の役に立つ、誰かの為に生きる、誰かの下で生きる、などとは関係なく、わがままに、思い切り人生を楽しんでみること――そんな自分を認めることが、ステージ1の意識状態から抜け出す為には非常に大切になってきます。

人生を楽しみ、自分の個性を受け入れ、自分の世界観を確立していくと、気づけば、人は自分の足で立ち、**ありのままの自分の人生を生きるステージ3の意識状態**に入ることができるようになっているでしょう。

ステップ6　「人からどう思われてもいい」と思えるようになる

ステージ1の意識状態の人は、自分で自分を愛し、認めることができていません。

そのため、他者に愛され、認められ、受け入れられようと依存することで自己肯定感を高めようとします。今、SNSなどに見られる極度の承認欲求も、ステージ1の意識状態の人たちによく見られます。

常に他者からの承認（他者承認欲求）を必要としていると、「他者の為」に生きることになるので、「自分らしく生きる」ことはできません。また、共依存関係は長く続かない為、相手や対象を変えて何度も繰り返し、人間関係における悩みや苦しみから解放されることはありません。

それでは、他者承認欲求を必要としない、自分で自分を愛し、認めることのできる意識状態とは、どういう状態なのでしょうか？

「他人からどう思われてもいい」と本当に思っているのが、自分を愛している人の特徴です。

「自分らしくいられれば、人からどう思われてもいい」と、本心で感じることのできる人は自分の生きたいように生きられているので幸せを感じやすくなります。

なぜなら、**他人によって、自分の幸福感を左右されることがない**からです。

環境によって感情を左右されず、他人の目を気にすることなく自由に、個性を活かして生きていくことができる。

自分自身を愛し、自分の世界観を独立したものとして持った上で、なおかつ他人のことも独立した世界観を持っている個人として受け入れている。

これが、共依存関係から脱した私たちが目指す新しい人間像であり、ステージ3やステージ4の意識状態の世界なのです。

自分が他者や組織などに依存していることに気づき、執着を一つひとつ手放して、余分な関係を浄化していくこと――。

その先に、「自分は自分」として、自由に生きていく道が拓けてきます。

＊＊＊

ステージ1の意識状態の人は、自分で自分の意識状態を認識する「自己認識」が必要になります。まずは、人との関係や状況において、自分がどのような考え方や感情を抱くのかを見つめましょう。

そして、本章でご紹介した六つのステップを意欲的に行い、ステージ3の意識状態へ進みましょう。

ステージ1の簡易チェック表

次のチェック表を活用して、あなたがステージ1の意識状態であるかどうか確認してみてください。

【チェック項目】

□ 好きなことや得意なことが見つけられない
□ 指示がないと自分で考えられない
□ 一人は寂しいので誰かに気にしてもらいたい
□ 常に誰かが何とかしてくれると期待している
□ 自分にはできないと思い込んでいる
□「あなたにはどうせ無理だ」と言われる
□ 自分には大した価値がないと思っている
□ 自分を信頼できない

また、成長過程におけるステージ1の意識状態は、誰にでもある通過点です。次の場合、「今は通過点に過ぎない」と考えましょう。

- 義務教育を終えるまでの子どもの間
- 仕事に自信を持ち、積極的、自主的に行動ができるようになるまでの間
- 自分の経済力で生活できるようになるまでの間

表に半分以上チェックがついたら、あなたはステージ1の意識状態です。現在、自分はステージ1の意識状態であることを自己認識して、本章で述べたステップを実践していきましょう。

そうすることで、ステージ1の意識状態から抜け出し、ステージ3の意識状態へと進むことができるのです。

- ステージ2の意識状態とは
- ステージ2の意識状態になりやすい人のタイプ
- ステージ2の意識状態から抜け出す為に
- ステージ2の簡易チェック表

ステージ

2

「自力的・他人軸・共依存」

ステージ2の意識状態とは

ステージ2とは、基本的に相手を信頼していない為、やることすべてに、「自分の力で何とかせねばならない」——つまり、他人のことはあてにはできない——と考えてしまう意識状態です。

ステージ2の意識状態の人は、「何かを行う」「達成する」「成功する」ということについて考える時、当たり前のように自分自身の力（自力・実力）で結果を勝ち取ろうとします。また、自分の考え方や行動が常に「正しい」と感じているので、必要以上に誰かを導いたり、強制的に変えようとする傾向があります。子育てで言えば、子どもの手を引っ張ってひたすら前を歩き続ける親のようなイメージです。

無意識に相手を自分よりもできない、まるで子どものように扱い、世話を焼くという形で自己実現を果たすということの状況も、自力で何でもやっているように見えますが、手を引いている相手にいつも自分のエネルギーを奪われる相手ありきの他人軸の共依存状態になっているのです。

ステージ2の意識状態の時は、常にステージ1の意識状態の人に対し主導権を握り、支配します。つまり、ステージ1の意識状態の人が共依存の相手となります。

他者との競争・比較の場においては精神的に強く、自分の意見に自信がある為、自然と相手をステージ1の意識状態にして主導権を握ろうとするのです。

知識や経験など、与えることばかりに考えが向き、

「相手を良くしたい」
「正しい方向に導きたい」
「間違っていると気づかせたい」
「反省させたい」

など相手を何とか変えたいという想いが強く働く為、無意識に他者や組織の人間を指示や命令で動かす形になっています。

どんなに口調に気をつけていても、表情や態度に表われる為、相手に伝わっていることも多く、「威圧的、高飛車、自己中心的、支配的……」という印象を周囲に与えます。

自分自身は、「こんなにも相手や組織のことを考え、もっと良くなるようにと思ってやっているのに」と思い込んでいますが、実は「相手が自ら成長していく強さと能力を持っている」ことに信頼を置いていないことがネックとなっているのです。

つまり、ステージ２の意識状態の人は無自覚のまま「相手の為に良かれと思って努力している（与えている）」と強く思い込んでいるので、皮肉にも、相手はずっと「与えられる依存状態」であるステージ１の意識状態に留まり続けてしまいます。

一見、ステージ２の意識状態の人は、未熟な生徒を導く教師のような立場ですが、ステージ１の意識状態のような頼ってこられる相手がいて、自分の存在価値を見出している意識状態です。支配する相手がいて初めて、自己肯定感を高めることができる。お互いに依存している共依存状態である以上、お互いに何も変わることはない為、結局、ステージ２の意識状態の人の努力はいつまでも報われません。

ステージ２の意識状態が慢性化・固定化し、常にこの意識状態で人と関わっていると、周囲の人間を信用できず、関わる相手を自分への依存状態にしてしまう為、結果的にストレスとジレンマが続き、いつも心は休まらず、誰かに対して常に苛立っていることが当たり前になります。

また、ステージ2の意識状態の人は「自分は家族の中の大黒柱的存在だ」「自分は会社や組織の中のリーダー的存在だ」という具合に、「リーダー」としての自己イメージを持ちやすく、その結果、社会的にも社長や幹部、指導者など、人の上に立つ立場になりやすい傾向があります。しかし、「リーダー＝自分」となりがちなので、役割へ依存し、等身大の自分を見失ってしまう人も少なくありません。

なお、最終的にステージ2の意識状態で得るものは、「孤独感」です。

ステージ1の意識状態の人と共依存関係であったとしても、最終的には相手が離れていきます。

たとえ社会的に成功を収め、富を得たとしても、ステージ2の意識状態に留まる限り、敗北感や怒り、疲労感だけが残る結末。

しかし、ステージ2の意識状態で抱く孤独感こそが、ステージ3の意識状態へ移行するポイントであることも事実です。そのため孤独感との向き合い方が、ステージ2の意識状態のままでいるか、ステージ3の世界へ踏み出せるかどうかの分かれ道になるのです。

ステージ2の意識状態になりやすい人のタイプ

ステージは個性のようなものではなく、今、あなたが置かれている環境や人間関係によって変化していくものです。

ここでは、比較的ステージ2の意識状態になりやすいタイプをご紹介します。自分に当てはまるタイプがあるかを確認してみましょう。

タイプ1　面倒見のいい長男、長女気質の人

ステージ2の意識状態の人は、ステージ1の意識状態の人と正反対です。つまり、兄弟で言えば長男、長女として、弟や妹の面倒を見てきた人たちにその傾向が見られます。

「あなたがしっかりして当然」と親から期待されたり、「あなたは自分で自分のことはできるよね」と言われながら育ってきて、「すべて自分で何とかしなければならない」という自力モードになってしまった人が、ステージ2の意識状態に陥りがちです。

ステージ2の意識状態が強い人は、自分がそうした意識状態であることをある程度自己認識している場合があります。

例えば、自分がお節介なまでに人の世話をするのが好きであることや、他人や部下を支配したり、コントロールしたいという欲求があることを自覚しているケースです。しかし、自己認識していてもやめられない、そんな人です。

つまり、**信じられるのは自分だけで、根本的に相手を信頼していないので、他人を変えようとしたり、干渉したりするのを止めることができないのです。**

ステージ2の意識状態が強い人は、小さい頃から、どちらかと言えば自分のことは自分でやってきた人が多いようです。

例えば、放任主義の親に育てられた鍵っ子で、お小遣いをもらい菓子パンを買っていた、自分でご飯をチンして食べていた――そんなふうに、幼少期から自分で生きる術を持たなければいけない環境で育ってきたり、「あなただったらできるでしょう」「この子はできないから、あなたが世話をしておいてね」と言われ続けてきたりした、長男や長女気質です。

「自分が頑張らないといけない」

「自分が頑張って弟や妹を守らないといけない」

「自分がしっかりしないと親に怒られる」

といった意識が幼少期からあると、ステージ2の意識状態になりがちです。

自分のことは自分である程度できるのですが、「自分以外の何かの為に自分が犠牲にならないといけない」「誰かできない人の面倒を見なくてはならない」といった自己犠牲を常に負っていないと落ち着かず、結局他人軸で育ってしまうのです。

タイプ2　部下の為、会社の為に一生懸命働くリーダー気質の人

部下の為、子どもの為など、誰かの為に一生懸命働くことは、一見、良いことのように思えます。しかし、結局、ステージ2の意識状態の人は、**「誰かの為にならないと自分という存在には価値がない」**と無意識で思い込んでいます。

常に自分はしっかりしていて当然、常に誰かの為に犠牲になって当然、そうでないと社会や親、そして誰かは認めてくれない……。

一見、自立して、他人に寄りかからずに生きているように見えて、誰かの為にならないと自分に価値がないと考える――。これもまた不自然な「共依存」の形にほかならないのです。

「会社の為に一生懸命働かないと自分には価値がない」という日本人特有の会社至上主義も、このステージ2の意識状態の特徴です。

これまでの日本のビジネスパーソンは、組織の為に「自分」というものを押し殺してでも働くことを美徳としてきました。そのため、実は、バリバリ働いてきたビジネスパーソンには、ステージ2の意識状態の人がすごく多いのです。

彼らは一見、立派な親で、立派な社会人です。頑張って頑張って、人から認められてきた人たちです。それにもかかわらず、本当の意味では自分の足で立っていないので、自分に自信がありません。

性格もしっかりしているように見えますが、裏を返せば自尊心が欠落しています。「誰かに何かしていないと自分に価値がない」という意識状態が根底にあるからです。

もしも自分が「誰かの為」に頑張っているリーダー気質だと気づいたら、当の「誰か」と共依存に陥っていないか、要チェックです。

タイプ3 「この会社は自分で成り立っている」と思っている人

ステージ2の意識状態の人は、常に「誰かの為」「何かの為」が行動のベースになっているので責任感が強く、その重圧がついて回ります。

基本的に他人を信じていないので、「自分がどうにかしないといけない」「相手は何もできない」という意識が慢性化しています。

または、自分が正しいと思っている価値観や世界観を相手に押しつけている人も、このステージ2の意識状態に当てはまります。

こうした意識状態に陥っていると、高圧的な態度になり、支配的で、どちらかと言えば上から目線で人に接しがちです。

「自分は正しいけれど周りは間違えている」と思いがちな人は、ステージ2の意識状態にあるかどうかを確認して、気をつける必要があります。

俗に言う、パワハラ上司というのは、典型的なステージ2の意識状態です。

パワハラ上司は、好きでパワハラ上司になっているわけではありません。会社の為、部下の為に、自分は犠牲になっている——その抑圧の現れが、パワハラとして出てくるわけです。

彼らの多くは、自分がパワハラをしているということに気づいていません。会社や部下の為に良かれと思ってやっているのだから当たり前です。

まずは、「自分がステージ2の意識状態にいる」ということに気づかないと、どうにもならないのです。

パワハラを繰り返していると人は離れていくので、最終的には孤独になり、本人も幸せになることはできません。自分が〝孤独なリーダー〟だと感じたら、気づかないうちにパワハラをしているかもしれないと疑ってみましょう。

タイプ4 「家族や会社の為に頑張ってきたのに……」と思っている人

がむしゃらに長年働き続けてきたビジネスパーソンの方々は、次のようなことを思いがちです。

「定年退職になるまで会社の為に何十年と俺は人生を捧げてきたのに、誰にも感謝されなかった」

「家族の為にこんなにも頑張ってきたのに、子どもに尊敬されない」

家族や会社の為に頑張ってきたのに、報われない無価値感——これは「自分の人生を自

分らしく生きてこなかった」からこそ生まれる空虚《くうきょ》感なのです。

ステージ2の意識状態の人は、実はどこかで「自分のことを優先して生きるなんて無理」とはなから諦めています。

そのため、自分が自己犠牲しながらも与え、支え続けてきたステージ1の意識状態の人たちに依存し続けていたから、充足感や達成感を持つことができないのです。

「会社の為に頑張らなくちゃいけないから」「妻や子どもの為に稼がなくてはいけないから」「大人は我慢してでも働かなくてはならない」などと自分の行為を正当化するのは、そうしなければ、自分の人生を肯定できないからです。

しかし、これは何も本人だけの問題ではなく、時代や環境の影響が大きくあります。日本人の多くは、自分の親や会社の先輩からそういう教育を受け、立派な大人になる為に頑張ってきたのだから、仕方ありません。

そんなステージ2の意識状態の人は、ステージ1の意識状態の人の面倒を見て、こう言います。

「自分はこんなに家族の為、会社の為、人の為に努力して、苦労して、頑張ってきたんだから、君たちも、苦労して、家族の為、会社の為、人の為に犠牲になって、もっと身を粉にして生きてみろ」

こんなふうに、自分のあり方を美化するのが、ステージ2の意識状態の特徴です。

自分のような生き方こそが、社会人のモデルであり、正しいものだと思っているから、「自分のようになれ」と言うことができるのです。そこには、優越感があったりするのですが、これはステージ1の意識状態の人を下に見ているからこそ生まれる感情であり、相手に依存して自己肯定感が高まっている状態に過ぎないということです。

タイプ5　自分が幸せになることに罪悪感がある人

罪悪感というのは、「自分が幸せになることを自分自身に許可できない」という心理から生まれます。

そのため、罪悪感が強い人というのは、いつも自分のことは二の次、三の次です。まずは、ステージ2の意識状態が慢性化していることに気づかないといけません。

自分の選択や行為が、自分らしさや本音からではなく、罪悪感からきているということに気づいていない人はたくさんいます。あなたは、次のような考え方に陥ったりしていないでしょうか？

「会社を辞めたいけれど、他の人たちに迷惑をかけるから辞められない」
「離婚をしたいけれど、子どもに対して申し訳ないから我慢する」

こうした選択をしてしまう人の背景には、実は、**自分の都合で幸せになってはいけないという罪悪感**があります。

常に「誰かの為に生きなくてはならない」「犠牲にならないと自分には価値がない」という罪悪感が、本当の気持ちを封じ込めて、いつも「誰かの為」に無理をして生きることを自分に強いてしまっているのです。

たしかに、誰かの為に生きることは立派なことかもしれません。しかし、こうしたケースのほとんどは、本当に「誰かの為」を思って生きているのではなく、「自分が人の為に生きていなくては価値がない」という自己肯定感の欠如から、そうしているに過ぎないのです。

本当に誰かを愛したり、大切に思っているのなら、そこに無理は生じません。
葛藤や悩み、苦しみも生じません。
その行為が愛に基づいているから、迷いようがないのです。

「会社を辞めたいけれど他の人たちに迷惑がかかる」「離婚をしたいけれど子どもに申し訳ない」という葛藤を覚えながら我慢するのは、愛ではありません。そこにはむしろ、本心を押しつぶしてまでも「人の為に生きなくてはならない」「迷惑をかけてはならない」「自分を犠牲にしなければ自分には価値がない」という**自分自身への愛の欠如**があるのです。

日常生活の様々なケースで現れるこうした罪悪感は、自分の本質を遠ざけてしまいます。

人生は自分の為にある――この当たり前のことがわからなくなってしまうのです。

この本質に気づく為にも、人間関係の中で抱く自分自身の感情の正体に気づき、罪悪感から自由になる必要があります。

タイプ6　「自分の人生を生きる」ということがわがままに感じられる人

ステージ2の意識状態の人は、タイプ5のように「あるがままに生きる」「自由に生きる」ということに対して、大きな罪悪感を持っています。

これまでの人生で、「誰かの為に生きなければ、自分という存在は認められない」などと思い込んでいるので、潜在的に「自分の人生を生きる」ということに対し、そんなことは許されないのではないかとついつい罪悪感を持ってしまいがちです。

また、ステージ2の意識状態の人は、自分が育てられてきたのと同じように子育てをしてしまう傾向があります。


例えば、小さな子どもを持つお母さんが、子どもを抱きしめる時間よりも、「一分一秒でも長く働いて子どもを養わなきゃ」という時間の使い方をしているとします。子どもからすると親が一分一秒でも長く働いてお金を稼ぐことより、一分、一秒でもいいから長く抱きしめてもらうほうが幸せです。生活する為にお金は必要かもしれませんが、幼い子どもにとっては、お金よりも愛情が大事だからです。

ところが、ステージ2の意識状態のお母さんは、パートをしながら、「自分は子どもの為に自己犠牲をして頑張っているのだ」と思い込んでいます。さらに自分も親から同じような育てられ方をしてきたので、自分の欠落した愛情に気づくことが難しいのです。

幼少期の愛情不足は、すべての人間関係に大きく影響します。

このお母さんのようなステージ2の意識状態の人は、「**自分で自分を愛すること**」を学**ぶこと**が大切になってきます。

自分で自分を愛するには、まず自己犠牲をやめること——つまり、**自分の自己犠牲の行**

為が、他者から愛されたいという執着であったと気づき、それを手放していくことが必要になります。

タイプ7 「子どもの幸せ＝自分の幸せ」だと思っている人

タイプ5やタイプ6のように、自分が幸せになることに対して罪悪感を持っている人は、**依存相手を幸せにすることで、自分の幸せを代替する傾向**があります。

あなたは、「子どもが幸せになることで、自分が幸せになれる」と考えていないでしょうか？

親が子どもの幸せの為に一生懸命頑張るというのは、とても自然な行為に見えるかもしれません。

しかし、背景に「自分は自由に生きて幸せになってはいけない」という罪悪感がある場合、いずれ子どもに対して「何でこんなに一生懸命やっているのに、わかってくれないの？」という気持ちが生まれてきます。

このように自分の期待に子どもが応えてくれないと、「裏切られた」という気持ちになります。

「誰かを幸せにすること＝自分の幸せ」ということは、相手が「自分の願う幸せに到達しないと、自分が幸せにはなれない」ということでもあります。

つまり、自分の幸せを相手に押しつけてしまっているのです。

親子の場合、自己犠牲のエネルギーが子どもに伝わると子どもはストレスを感じ、「親の理想を私に置き換えないで！」という反発が生じます。

また、ステージ１の意識状態で依存体質が強い相手の場合、ステージ２の意識状態の人があれこれと世話を焼いてくれるので、自分に都合のいい部分に関してはうまく利用して依存関係を築きます。しかし、ステージ１の意識状態の人が「あのステージ２の意識状態の人は利用できない」と見切りをつけると離れたりするので、この共依存の関係性は、良い状態で長くは続きません。

結局、ステージ２の意識状態の人が考える自分の理想や幸福は、他者の望む理想や幸福のことである為、依存できる相手がいなければ自分の理想や幸福がなくなってしまいます。そのため、依存する相手が必要になってくるのです。

過保護や過干渉の親や上司は、往々にして、自分の人生を生きておらず、子どもや部下の人生を生きようとしています。子どもや部下からすると、親や上司のそうした「想い」は上からのしかかる重圧となり、重石のように感じてしまいます。

＊＊＊

ステージ2の意識状態の人たちは、「子どもの為」「部下の為」「会社の為」などと思い込んでいますが、**「本当は自分が楽になりたい、幸せになりたいから相手を利用している」**という事実に気づいていないだけなのです。

まずは、このような潜在的な考え方に気づくことが大切です。ステージ2の意識状態に気づけたなら、次にご紹介するステージ2の意識状態から抜け出す為のステップを実践してみましょう。

そうすることで、ステージ3の意識状態へ進むことができるようになるのです。

ステージ2の意識状態から抜け出す為に

人を導いているつもりだけれど、本当は自分を信頼できないステージ2の意識状態は、生きていてとても苦しいものです。

まず、自分が手を差し伸べていると思い込んでいる相手に実は依存しているということに気づき、「ありのままの自分」を受け入れる道を歩みましょう。

ステップ1　自己犠牲をやめ、自分自身を大切にする

「あらゆるものを受け取ることは弱さの証明だ、甘ったれのすることだ」
「様々なものを与えるのみで、受け取ってはいけない」

などといった自力モードが当たり前になっていないでしょうか？

このように自問自答することが、ステージ2の意識状態から抜け出す、最初のステップ

となります。

変えようとしても変わってくれない相手に対して、心の中で苛立ったり、「いつか変わってくれるはずだ」と執着し、結局期待が外れてガッカリする……ということを繰り返している自分に気づいたのならば、「いつか変わってくれるはずだ」という期待を一旦「手放す」必要があります（相手には相手の生き方があり、変わるタイミングもそれぞれです）。

また、心の中に「苛立ち」を自覚した場合、「相手が変わらないせいで苛立ちを感じさせられている」と思うかもしれませんが、実は「相手を変えられない**自分自身の無力さに対する苛立ち**だった」ことに気づきましょう。

ステージ2の意識状態の時は、ステージ1の意識状態の相手の中に眠る「強さ」や「可能性」を信頼できておらず、場合によっては「弱者扱い」や「過小評価」をしています。無意識・習慣的に相手を甘やかしたり、依存させたりすることが当たり前になっていないかどうかチェックする必要があります。まずは、相手の意見を聞かず、自分の意見や考えばかりを言っていないか自己認識してみましょう。

特に、「何とか自分の力で相手を変えてあげたい」という気持ちの裏側に、「相手を弱者の位置に置き続け、相手の手をいつまでも引っ張ってあげたい」「相手が自分から離れられないような関係を維持したい」という執着心を見つけた時には、勇気を持ってその欲望を「手放す」ことが必要です。

そして、「自分は与える側、相手は受け取る側」という関わり方の選択をやめ、「自分自身も相手を信頼し、助けを求めていこう」「相手と対等な関係を築こう」と決意し、行動しましょう。

あなたが上司なら、部下の仕事は部下に任せてしまいましょう。

あなたが親なら、子どもが持っている世界観を否定せず、相手の自由意志を尊重するようにしていきましょう。

そうすることが、ステージ2の意識状態から抜け出すきっかけになります。

もしも「自分のことをすべて後回しにしてでも誰かを救おう」といった考えを持っていることに気づいた場合、「思っている以上に無理をし、何かを背負おうとして犠牲的になっていないか？」と自分に問いかけてみてください。

また、慢性的な自己犠牲を繰り返していると、身体に様々な影響が出る可能性が高くなります。腰痛や肩こり、頭痛などの症状が常に現れていないかなど、身体に耳を傾けるようにしてみてください。

このように**自分自身を大切にすること**が、ステージ2の意識状態から抜け出す**ファーストステップ**となります。

ステップ2 「正しさ」と「幸せ」は違うことを理解する

人間関係に苦しむ私たちが向かう目的地がわからないと、ずっとステージ1とステージ2の意識状態の間を変動し、場所や相手を変えながら、依存関係を続けるだけになってしまいます。

仮に、ステージ1の意識状態の人がステージ2の意識状態の人と関わり、影響を受けてステージ2の意識状態になったとしたら、同じ土俵に立つことになるので、「自分が正しい」「こっちが正しい」といったお互いの主張を押しつけ合う主導権争いが起こります。

この主導権争いが、戦争の根源となります。

人間関係の小さな争いか、国や地域同士の大きな争いかの違いだけで、人の争いというものは、ステージ2の意識状態からくる主導権争いが原因なのです。**ステージ2の意識状態は、「自分のように正しく生きること」を表現していますが、決して「幸せになること」は表現しません。**

そのことを意識して行動しましょう。

ステップ3　自分との戦いをやめる

ステージ2の意識状態である場合、ある程度、自分のことを自己認識できています。「無理し過ぎているかな」「過干渉かな」などとわかっていても、会社や家族のことを思ってやめられないのです。そのため、ステージ2の意識状態は**「自己受容」**をできるようになる必要があります。

自己受容とは、

「こんなにも頑張らなくてもいいか」

「必死に期待に応える為に、無理をするのはやめよう」

「人の為、会社の為、家族の為に自分を犠牲にするのは、もう無理、限界だ」

と降参することです。

つまり、**自分との戦いをやめることが自己受容であり、ステージ2の意識状態を抜け出すための大きなステップになります。**

社会や他人、自分と常に戦って頑張ることをやめた先に、自然体で生きるステージ3やステージ4の意識状態が待っています。

ステージ2の意識状態では、自分の足で立つことはできますが、「自分の為に生きる」ことは抵抗があります。

また、これまで「誰かの為に生きるのが自分らしい」と思い込んでいたので、「自分らしく生きる」とは具体的にどういうことなのかがわかりません。経済的に成功し、社会的にも尊敬されている立場にあると、なおさらそれを手放すことは容易ではないでしょう。

しかし、今の生き方に限界を感じて、新しい人生を踏み出したいと心の奥底から願うのなら、思い切って**自分がこれまで執着していた価値観を捨ててしまいましょう。**

あなたが信じていた価値観は、あなたを「幸せ」にするものではなかったのですから。

ステップ4　「会社至上主義」は危険だと心得る

共依存関係は、個々の人間関係だけにあるのではありません。**社員に運命共同体を強いる極端な「会社至上主義」も共依存になり得る**のです。

例えば、会社に理念なり、哲学があるとします。新入社員は、その会社に入って研修を受け、理念や哲学を学び、その会社という共同体の一員となって、組織に奉仕することを教わります。すると全員が同じ色に染まり一丸となる――これが今までの日本の企業のあり方でした。全員が同じ色に染まっていないとおかしい、染まっていなければその会社に属せない、というのがこれまでの日本の社会の一般常識だったのです。

しかし、そもそも一つの理念に染まる必要性はありません。一つの色に皆で染まって、一緒にいること自体がおかしいのです。

日本人は元々、「個」より「集団」を重んじます。

集団で物事に当たり、皆で一つの目標に向かって邁進《まいしん》する。

運命共同体になった会社至上主義は、経済が右肩上がりだった高度経済成長の時代は良かったのかもしれません。とにかく皆で一致団結して頑張れば頑張るほど、働けば働くほど収入が増え、皆で幸せになれる――そんなシンプルな時代だったから。

しかし、このあり方ではいざうまくいかなくなると共倒れになってしまいます。皆が一致団結して、ステージ2の意識状態で「会社の為」に一生懸命働いていても、共倒れの時には「おまえが悪い」「あいつのできが悪いからだ」という責任の押しつけ合いになってしまいます。このようにストレスフルな関係が蔓延《まんえん》して、共同体が破綻してしまうのです。今の日本のストレス社会を見れば、そんな様相がはっきりと見て取れるのではないでしょうか？

会社の為にあなたの人生が存在しているわけではありません。
自分が所属している会社や組織、共同体の未来に対して、雲行きがあやしくなってきたと感じた場合、

まずは、他者よりも自分
会社よりも自分

というふうに考えて、自分が生きる土台をもう一度見つめ直してみましょう。すると所属している会社や共同体の中で、どう振る舞い、どのように行動すべきかがはっきりと見

えてくるはずです。

ステップ5　「本当にそれをしたいかどうか？」と自問してみる

私は、今まで困っている人の為にあれこれすることで、自分自身の存在価値を見出そうとしていました。

自分を愛せず、自己肯定感が低かった為に、自己犠牲によって自分の存在価値を見出そうとしていたのです。

その事実に気づいた時は、ショックでかなり落ち込みました。しかし、数々の裏切りを経験してきたからこそ、私は初めて、「自分の人生を生きて、自分を大切にしよう」と思えるようになったのです。

今では、いつも何かする時に、**「それは本当に私がしたいことなのか？」**と自問自答するようになりました。

すると、次の2つの観点で答えをはっきりと分けられるようになったのです。

①それは本当に自分が「したいこと」なのか？

②誰かの為に「しなければならない」と思っているのか？

そして2つの観点に分けた後、次の2つに振り分けて行動するようになりました。

①自分が純粋に、それを「したい」と思うのであれば、する
②「しなければならない」と思っているのなら、やめる

この二択を意識して行動すると、不思議なことに、これまでずっと自分にくっついてきて離れようとしなかった人たちとの依存関係が少しずつなくなっていきました。さらに、自分が接している多くの人たちが、こちらが何かをする度に純粋に喜んでくれるようになったので、私もその反応を受けて、素直に喜べるようになっていったのです。

特定の人との依存関係や自己犠牲に囚われるのではなく、自分の気持ちに素直に生きることのほうが、多くの人たちと関わって、喜びの共感ができるというシンプルな事実に気づきました。

こうしたあり方は、特定の人へのひいきもなく、特別な関係性もありません。

中には、特別な関係性を求めてくる人もいます。今までは「せっかく頼ってきたくれたんだから」とどこか嬉しくて、来る者は拒まずでしたが、今は、時と場合によっては来る者も拒みます。

「自分のことよりも相手の為に何かしなくちゃ」という姿勢では、再び特定の人と共依存関係に陥ってしまうことがわかっているからです。

ステップ6 「与える」だけではなく「受け取る」ことを許す

お父さんやお母さんは、子どもに「与える」という立場にあります。

愛情を与える、ミルクを与える、生きていく為のアドバイスを与える……。

このように子どもに与えることは、親の大事な役割です。しかし、一方の「受け取る」ということに罪悪感を持っている人が意外と多く存在します。

もっともっと与えて相手に喜んでもらいたいのだけれど、自分が受け取ることには罪の意識を感じる。

ステージ2の意識状態が強い人は、特に「私は与えるべき存在であって、受け取る存在ではない」という刷り込みがずっとあります。そのため、素直に受け取ることができないのです。

とりわけ、中・高齢期の女性は自分を前に出さず、人に尽くすことを美徳とする「大和《やまと》撫子《なでしこ》」のイメージを理想として育てられた人が多く、「自分が受け取る」ということに慣れていません。

素直に幸福というものを受け取ることができれば、自己犠牲ではなく、もっと良い好循環のエネルギーを人に与えることができます。

自分は「与えなくてはならない」「受け取る資格はない」と思い込んでいる女性が圧倒的に多いのです。

もしも自分がエネルギー不足であれば、自己犠牲になってしまい、気づけば、自らが与えて幸せにするべき相手に依存して、共倒れになってしまうことでしょう。

これは良い状態とは言えません。

まずは自分が満たされること——人生の「豊かさ」を受け取ることを恐れないでください。

この「豊かさ」というのは、自分の好きな趣味を楽しむことや本音で自分らしく生きること、誰の為でもない自分自身の人生を生きることを通して、誰もが実感できることです。

もっとわがままに、もっと自由に、もっと自分の為に、思い切り人生を楽しみましょう。

ステップ7　「道」とつくものの中で自分自身を見つめる

「一生懸命、会社の為に頑張らなくてはならない」「父親として、母親として、こうあらねばならない」「出世しなくてはならない」といった社会から刷り込まれてきた潜在意識を変化させる為には、ある程度、競争社会を離れたところで意識的なトレーニングをすることも重要となります。

魂が望むような、のびのびとした自由な生き方をしたい、と強く望んでいたとしても、「その意識状態になる為には、まず競争に勝たないといけない」といった潜在意識があるからです。

これまで自分が生きてきた人間関係とは別の場所で、自分の素直な心を見つめたり、これまでの日常で養ってきた価値観を超えた、非日常の場を持つことが潜在意識を変えるトレーニングとして効果的です。

特に、**「道」がつく教えを学んでみる、触れてみる**といいでしょう。

仏道や神道、華道、茶道、武道など「道」がつく世界は、世の中の一般常識から離れて存在しています。

これからは、日本人が本来持っていた自然の摂理に則《のっと》った「精神性」と結びついているので、ステージ2の意識状態の人が陥りがちな「正しく生きる」といった潜在意識から自由に解放される学びとなります。

自分に縁がある「道」を学ぶ中で、ちっぽけな価値観を超えた大きな自然の流れを感じ、それに身をゆだねてみてはいかがでしょうか？

仏教は、「無我」の教え、神道は「自然」を神様とする精神――どちらも、「社会人とはこうあらねばならない」という競争社会とは無縁なところにある、エゴの外に出ていく為の「道」です。

今日の私があるのも、道という教えを通じ、仏道や神道の学びを実践し、「中道」という生き方を学んだことによるものなのです。

中道、真ん中の道――それは、「正しいか間違っているか」「白か黒か」ではなく、どちらにも偏り過ぎない生き方であり、良いとも悪いとも判別しない。このような考え方や価値観を持つに至ったのは、「道」という教えから学んできたことが深く関係しています。

ちっぽけな自分の執着の外にあるものに触れる機会があると、人は自ずと、新たな価値観を自分の人生に取り込むことができます。体験入学などの機会を利用して、一度参加してみると良いでしょう。

ぜひ、具体的な「道」の中で内観し、自分の外にあるものを感じるトレーニングをしてみてください。

この「道」の教えも、すべては実践しなければ意味がありません。

真剣にやればやるほど、確実に自分の中に根づいていた様々な社会からの条件づけや自分を縛りつけていた潜在意識から自由になり、いつの間にかステージ3やステージ4の意識状態である自由な生き方に近づいていることでしょう。

＊＊＊

「心の成長ステージ」は、だいぶ意識できたでしょうか？

どういうものかを頭で理解できていても、実践しなくては意味がありません。

「心の成長ステージ」は、あくまで**人間関係の中で具体的に実現していく**お話です。自分ではバランスが取れている、と思い込んでいても、人と関わっている時に不自然な意識状態であったり、苦しいと感じるのならば、まだステージ1かステージ2のどちらかの意識状態である、ということです。

知識だけを一生懸命蓄えても、それまで生きてきたパターンが潜在意識（無意識的なもの）の中に刷り込まれているので、なかなか変わってくれません。顕在意識（頭）ではわかっているつもりでも、潜在意識を変えるのは難しいのです。

潜在意識を変えるためにも、本章でご紹介したステップを意識して行い、ステージ３の意識状態へ向かって進みましょう。

ステージ2の簡易チェック表

次のチェック表を活用して、あなたがステージ2の意識状態であるかどうか確認してみてください。

【チェック項目】

- □家族や社員、周囲が幸せであれば、つらくても自分は幸せ
- □自分のことよりも誰かのことで悩みが尽きない
- □家族や会社の為に頑張っている
- □好きなことをやろうと思うと罪悪感を覚えてしまう
- □思うようにならない相手がいて、苛々することがよくある
- □責任や重荷、重圧を感じることが多い
- □自分が導いていかないと無理だと思う人が周囲にいる

□自分の価値観や世界観が一番正しいと感じている

また、成長過程におけるステージ2の意識状態は、誰にでもある通過点です。次の場合、「今は通過点に過ぎない」と考えましょう。

- 子どもが自立するまで育てる義務のある親の間

- 責任や義務のある管理職や経営者

- 誰かが目標を達成するまで導いていく義務のある指導者や教育者

表に半分以上チェックがついたら、あなたはステージ2の意識状態です。現在、自分はステージ2の意識状態であると自己認識して、本章でご紹介した七つのステップを実践していきましょう。

そうすることで、ステージ2の意識状態から抜け出し、ステージ3の意識状態へと進むことができるのです。

Column 子育ては、ステージ2の体験でもある

子どもがこの世に生まれた瞬間から、人には「子育て」という義務が生じ、親の役割がスタートします。

「子育て」とは、ステージ2を体験するようなものです。

ここまで、「ステージ2を脱してステージ3やステージ4に進みましょう」とお伝えしてきました。

しかし、子育てを通してステージ2を体験することもまた、あなた自身の心や精神を成長させていくプロセスとなります。

子どもが未成年で、受験などの教育に追われる時期は、特に親はステージ2の意識状態が強くなってしまいます。そのため、子どもは「ステージ1」の意識状態になりがちです。

親子でステージ1とステージ2の共依存的な関係性になってしまうので、「どうしよう。早くこの関係性から抜け出さなくてはいけない」と思ってしまうかもしれません。しかし、すべては、親子が互いに成長し、ステージ3の意識状態へと移行する為の心の成長プロセスと捉えるといいでしょう。

「ステージ1だから私はだめなんだ」

「ステージ2だからだめなんだ」

というふうに自分の意識状態をネガティブに捉える必要はありません。

こうした**共依存関係を通してこそ、人は学びを得ることができます。**

子どもを愛し、手放し、自立させていく「子育て」という営みは、まさにステージ1とステージ2から、ステージ3へのプロセスすべてを体験できる、実生活における最大の学びの場なのです。

ステージ1とステージ2の関係性から見る生き方

お互いに依存し合うステージ1とステージ2の関係性

人間関係がうまくいっていない時、精神的に苦しい時、おそらくあなたはステージ1かステージ2の意識状態です。

「自分の力を信頼してない」ステージ1の意識状態
「自分自身を愛そうとしない」ステージ2の意識状態

このようにステージ1とステージ2の意識状態は、どちらも自分の人生を自由に、自分らしく生きることができない為、お互いの生き方を支え合おうとして、共依存関係に陥ってしまいます。

つまり、自分自身への愛と自信が欠落している者同士が近づくことで、共依存関係に陥ってしまうという仕組みです。

私自身、この2つのステージの時は、「自分の人生」を生きることができていませんでした。

どちらのステージにあっても、基本的に**共依存状態とは、他人に期待し、依存して自分の足りないところを補ってもらおうとします。**

ステージ1やステージ2の意識状態のままでは、いつまで経っても「自分の人生」を生きることは不可能なのです。

私がステージ3の意識状態になれず、自分の足で立つことができなかった頃、私の意識状態は、ステージ1とステージ2の間で変動していました。

ステージ1の意識状態の時はステージ2の意識状態の相手を必要とし、ステージ2の意識状態の時はステージ1の意識状態の相手を必要とするという共依存関係にいつも陥っていたのです。

ステージ1とステージ2は共存する

前述した通り、私がステージ3の意識状態を定着できるようになる前は、ステージ1とステージ2の意識状態の間で変動していました。このようにステージ1とステージ2の意識状態が、一人の人間の中に共存していることも普通にあり得ます。社会的な役割や人間関係が変化すると、一人の人間の中で「心の成長ステージ」が入れ替わることがあるのです。

ある時、カウンセリングに来られた方で次のような女性がいました。

彼女は、家計を助ける為に我慢してパートで働いていました。正直、パートの仕事は好きではなく、意地悪な先輩もいてつらいけれど、「母親という義務や役割をしっかりこなして、子どもを立派に育てなくてはならない。だから、子どもが成人するまで身を粉にしてでも頑張って働こう」と考えていたのです。

彼女は、パート先ではステージ1の意識状態ですが、家に帰ったらステージ2の意識状態になり、子どもに対して過干渉になっていました。

つまり、社会においては主体的に仕事をしたり、職場で自分らしく働くことができていません。その一方で、親としては、子どもの為に自分を犠牲にしてでも必死で頑張ろうと思っているのです。

社会では自信がなく、家庭では責任と義務がある――このように相反する意識状態を持った生き方にはとても無理があります。

精神的に苦しく、自分らしく過ごす時間を持つことができず、ステージ1とステージ2の意識状態の間で、がんじがらめになっているのです。

さらに話を聞くと、彼女は旦那さんの前で、ステージ1の意識状態になったり、ステージ2の意識状態になったりすることもあるようでした。夫婦関係では、時と場合によって、ステージ1とステージ2の意識状態がよく入れ替わります。

お金関連では、奥さんが財布を握っていて、旦那さんが小遣いをもらっている――これは旦那さんがステージ1の意識状態、奥さんがステージ2の意識状態です。

夫婦喧嘩の時には、旦那さんが絶対に譲れない部分がある――これは旦那さんがステージ2の意識状態、奥さんがステージ1の意識状態です。

このようなケースは彼女だけではありません。カウンセリングに来られる人の多くに、このような傾向が見られます。

「自分はステージ1の意識状態だ」「私はステージ2の意識状態だ」と決めつけず、自分の中に二つのステージが共存している場合がほとんどであるということを知っておくことが大切になります。「心の成長ステージ」は、相手と出会う場所や環境、タイミングによっても変化するのです。

いつも他者との共依存の関係性から抜け出すことができず、人間関係で悩み、苦しんでいた私は、「誰か」や「何か」に依存するしかない、という潜在的なステージ1とステージ2の意識状態を、人や社会との関係性を通じて繰り返し経験し、その中で学ばされてきました。

ステージ1やステージ2の意識状態を自己認識することで、私は確実に成長し、これまでできないと思い込んでいた多くのことができるようになったのです。

では、実際にステージ1やステージ2の意識状態を自己認識することで、人間関係にどのような変化があるのでしょうか？

ステージ1とステージ2の関係性

ステージ1とステージ2には、どちらが上ということもなく、ステージ1の次はステージ2になるといった固定的なものでもありません。この2つのステージは、お互いを必要とし、依存し合う関係性なのです。

ステージ1とステージ2は、一人の人の中で共存する場合がほとんどであることを知り、早く各ステージから抜け出すことができるように自己認識を心がけましょう。

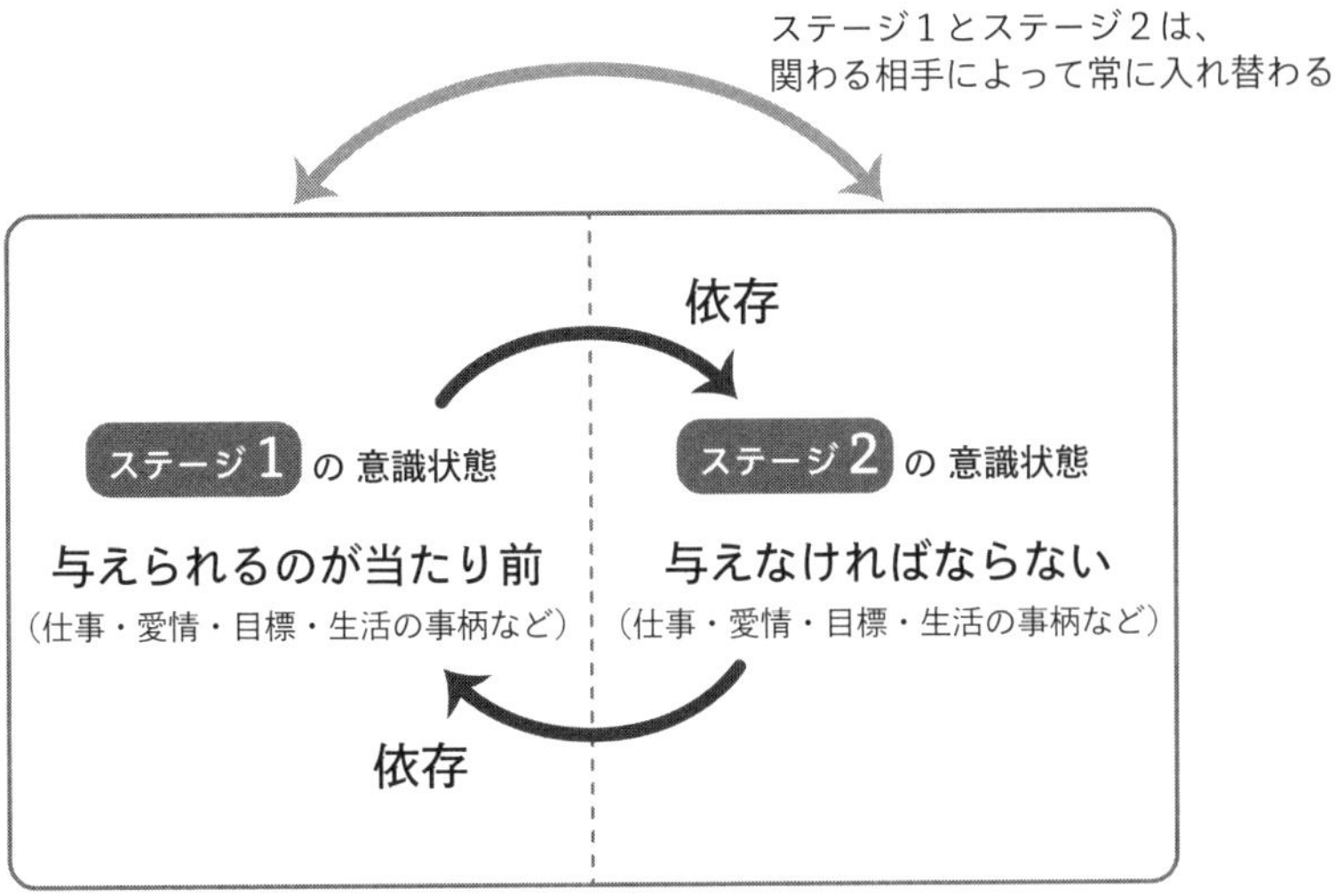

どちらのステージも
お互いに依存し合っている為
「自分で自分を幸せにできない」
という意識状態

ステージ1とステージ2の共依存のパターン

それでは、私がこれまで実際に経験してきた共依存のパターン（親子や兄弟、パートナー、職場仲間）の中から、ステージ1とステージ2の関係性が良くわかる体験談をお話ししましょう。

●親との関係

父と母は私が幼少期に離婚した為、私は母と弟と三人で暮らしてきました。父は金銭的にだらしなかったので、それが離婚の原因となっていたようです。

私が二十歳で結婚した時、さほど面識がなかった父を結婚式に招待しました。

父は結婚式には来たものの、御祝儀を持ってくることもありませんでした。私は父に何かを期待していたわけではなく、せっかくだから親に花嫁姿をただ見せてあげたい、という思いで招待したのです。

以降、父から私へ金銭の要求が始まりました。何かある度に、「絶対に返すのでお金を貸して欲しい」としつこく連絡してくるようになり、金銭の要求は実に二十年間も続きました。私たちはまさにステージ1とステージ2の関係だったのです。

「今度こそ父は変わってくれる」と期待しては、毎回裏切られるということを繰り返す度に、私は父に依存していることを自己認識していきました。なぜなら、私が父にお金を貸しているのは、幼少期に感じた

「父に愛されたい」

「父に必要とされたい」

という共依存の欲求の裏返しが原因だと気づいたからです。

その結果、父にようやくどれだけ泣きつかれても、一万円でも貸さない、と強く決意することができたのです。すると父は、「自分でどうにかすること」を考えるようになり、私に金銭を要求することはなくなりました。

「親だから助けねばならない」は思い込みだったのです。この共依存関係に気づき、距離を置くことで、私たちは本当の親子になることができました。

●兄弟との関係

私の弟は昔、やさぐれていて、アルコール依存に加え、薬物中毒でした。

元々弟は気が優しく、主体的に何かを行うタイプではなかった為、彼を更生させる為に私は飲食店を経営し、そこで弟を雇い、主体的かつ意欲的に彼が仕事をしていくことができる場を与えました。

始めのうちは弟もやる気があって良かったのですが、徐々に天狗になり、弟は更生していくどころか、やりたい放題、好き勝手に、お店を私物化していくようになりました。

私が注意をしても、「姉さんは僕のことを理解してくれない」という解釈でしかない為、全く改善が見られず、再び、薬物にどっぷりハマりだす始末……。

私は、自分の無力さを思い知りました。

「なんとかしてあげたい」というステージ2の意識状態で弟に接し、弟をステージ1の意識状態に留めてしまう。私たちはまさに典型的な共依存関係にある姉弟でした。

そのことに気づいた私は、ある日、彼を手放す決意をし、弟が薬物を使用していることを警察に通報したのです。

弟は逮捕され、拘置所に数ヶ月拘留されました。面会に行っても、私に対しての依存は

消えず、

「絶対に更生する」

「もう同じ過ちを犯さない」

「出所したら自分をお店に戻して欲しい」

と必死で頼んできました。

しかし私は強い気持ちで、「もう私の元では雇わない」と告げると弟はキレて泣き出しました。

それでも強い気持ちで、私は弟を突き放しました。弟が更生する為には、私のほうから離れることが必要だと感じていたからです。

数ヶ月後、弟は薬物依存から抜け出し、拘置所を出て、当時付き合っていた彼女と結婚しました。さらに、彼女のお腹には子どもがいたのです。父親となった弟は、「自分の家族」という新たに大切なものができました。それからは、私の元ではなく、知り合いの会社で正社員として真面目に働いています。私のお店に戻さなかったのは、再び共依存関係に陥らないように距離を置いた為です。

私が弟を手放したことで、生きる目的や目標がなかった弟も、姉である私との共依存関係から抜け出し、大切に思う家族ができたことで、人生を再スタートすることができました。

●恋人・パートナーとの関係

以前の私は、とにかく寂しがり屋でした。

「誰かに愛されたい」「大切にしてもらいたい」という思いがとても強かったのです。

そのため、愛される為や大切にしてもらう為に駆け引きをしたり、相手の出方を見て態度を変えたりなど、素直で、正直な自分自身になって恋愛をしたことがありませんでした。

恋人に対して自分の弱い部分や短所と感じている性格、「寂しい」「側にいて欲しい」といった素直な感情などをひた隠しにして、「全然平気です」と演技をしていました。

その反面、裏側にある本当の感情に気づいてくれない相手に対して、「冷たい」「自分のことしか考えていない」という不満を抱いていました。

誰と付き合っても、結局は「相手の都合の良いように利用されている」という感じだけが残り、一向に満たされることはありません。

恋愛をする度に、寂しさや孤独感が増していくことが多かったのです。

それでも、相手が自分に依存すると嬉しく思い、結婚もしました。しかし、「どんな状況でも夫婦は一緒にいなければならない」と思っていた為に共依存関係となり、その結果、十年連れ添ったものの離婚という選択をしました。

「こんな自分がもう嫌だ！」「本当の人生のパートナーと巡り会いたい！」と私は本気で思っていました。

過去の恋愛から、ステージ1とステージ2の共依存関係を自己認識した私は、「ありのままの私でないと長続きはしない」と悟りました。

新しい彼と出逢い、本当の自分をさらけ出すのには時間がかかりましたが、とにかく相手に対して「寂しくない」「一人でも平気です」などという、良い格好をしようとする自分のプライドを捨てたのです。

イヤな時はイヤ。
嬉しい時は嬉しい。
寂しい時は寂しい。
逢いたい時は逢いたい。

このように自分をさらけ出した相手と七年間お付き合いした後、私にとって二度目の結婚をしました。

お互いの生活や仕事のスタイルを尊重する為に、始めから別居婚というスタイルで暮らしています。月に十日くらいは田舎の別宅で一緒に過ごし、畑を耕したり、家の改築やイベント企画など、一緒に活動しながら、お互いの仕事のことや様々な事柄を語り合ったりしています。

彼とは良い距離感を持ち、支え合って助け合いながら、人生の良きパートナーとして心地の良い夫婦関係が築けています。

●同僚・仕事仲間との関係

頼られると嬉しくなって何でも引き受けてしまう私は、〝人生で行き詰まりを感じている人〟がほうっておけない性分でした。、弟のように自分のお店や会社で雇ったり、行き場を失いかけた人を私の自宅に住ませて面倒を見たりしてきました。

そうして気づいたことは、「誰も幸せにはならなかった」ということです。

相手に対して、やってもやっても報われない悪循環にハマり、私が疲れ切ってしまう一方、相手はどんどんわがままになっていきました。

そうやって深く関わり、面倒を見過ぎた人ほど、自分の思うようにならなくなると、依存させてくれる他の相手を見つけた途端、手の平を返すように態度が急に変わって出て行く、といったパターンに陥りました。

まさに、ステージ１とステージ２の共依存関係を繰り返していたのです。

しかし、すべての関係がそうであったわけではありません。

私のことを尊重し、純粋な心で学び、今日まで二十五年以上、ずっと私について来てくれている、一人の女性スタッフ（Ａさん）がいます。

Ａさんとは常にべたべたと一緒にいるわけではなく、お互いの仕事の役割に口を出すこともなく、適度な距離感を自然に保ってきました。

むしろ、いつも隣にガッツリといたスタッフとのほうが、必ずと言っていいほど問題が生じ、関係に亀裂が入る結末となり、一定の年数しか続かない。いつも隣りにいたスタッフとは、ステージ１とステージ２の共依存関係にあったのです。

一方、Ａさんとはお互いが自立したステージ３の意識状態同士の関係性を築くことができています。

ステージ1の意識状態の人と深く関わりすぎた結果、裏切られるという経験を繰り返したことで、他人の人生において深く関与するということは、本来、行ってはいけないということが、とてもよく理解できました。

＊＊＊

ステージ1とステージ2の意識状態は対照的ですが、誰もが潜在意識の中に持っている癒着の願望であり、共依存の願望です。

この関係性はどちらが上というよりも、お互いを必要としている――言わば、共犯者的な関係のようなものです。

共依存関係はお互いにストレスと苦痛を産み続けてしまうので、その関係がうまくいかなくなかった時こそ、距離を置いてみましょう。

自分が今、誰かとの関わりに苦しんでいたり、うまくいかないと感じている人は、ステージ1かステージ2の意識状態のどちらかに当てはまっています。

その時、相手との共依存関係により深く陥らないように、

「ステージ1やステージ2の意識状態になっている」

「ステージ1やステージ2の意識状態になろうとしている」

「ステージ1やステージ2の意識状態にどっぷり陥ってしまっている」

といったことに気づけば、その関係を回避することや脱することができます。


人間関係がうまくいっていないと感じた時は、まず自分の意識状態を自己認識し、自己受容できるようにステージ1やステージ2の章でご紹介した各ステップを意識するようにしましょう。

- ステージ３の意識状態とは
- ステージ３の意識状態にいる人のタイプ
- ステージ３の意識状態を定着させるには
- ステージ３の簡易チェック表

ステージ

3

「自己愛・自分軸・自己変革」

ステージ３の意識状態とは

ステージ３とは、精神的に自立しており、自分自身の独自な価値観・世界観をしっかりと持っていて、一人でも淡々と仕事ができる。そのような**「他人の問題」と「自分の問題」の区別や線引きができている意識状態**です。

また、基本的なスタンスとして、他人に興味や関心を抱くことよりも、自分を大切にする気持ちが中心にあります。

自身について「自己認識」「自己受容」ができている度合いに応じてですが、基本的に余計な感情のブレが生じにくくなります。

つまり、他人の言葉や行為でいちいち有頂天になったり、傷ついたり、怒ったり、心配したりせず、些細《ささい》なことで振り回されないというわけです。

また、「他者を強引に変えたい」という執着心を手放している為、**人間関係のストレス**

もほとんどない意識状態です。

その結果、平和な心持ちで相手との間に安心感を抱いたり、繋がりを感じられ、自分らしくいられます。

他人のことに深く首を突っ込むこともなく、コントロールや戦略といった思考から開放され、人間関係にストレスを持ち込まない、割り切った付き合いが可能です。

ステージ3の意識状態が根づき、常にステージ3の意識状態で人と関わり、生きられるようになると、「自分を大切にする」「自分を愛する」という意味が理解できるようになります。

さらに、「できるだけノー・ストレスでいること」や「自分自身を思いやる時間（趣味や友人と交流する時間）」などを優先し、大切にするようになります。

ステージ3とは、**自分軸で生きることのできる意識状態のステージ**です。つまり、このステージの人は**自分らしく自分の人生を生きている意識状態とも言えます。**

自分の人生は、社会に適合した人生ではなく、その人が自分らしく人生を生きるということなので、答えは一つではありません。当然、皆違っていて当たり前です。

「私は私」「人は人」ということがわかっているということ。それは他人だけでなく、身内であっても同じことです。

つまり、ステージ3の意識状態の人は家族であっても適切な距離感を保った、共依存的ではない関係性を築くことができています。


ステージ1とステージ2の共依存関係が長かった人ほど、「このステージで人生を終えてもいい」と感じるほどの幸福感を得るでしょう。

例えば、

「やっと他人のことだけではなく、自分のことも思いやり、考えられるようになった」

「人の目を気にせず、自分らしくのびのびと振る舞って生きることができるようになった」

「様々なことがあったけれど、『よく頑張ってきたな』と自分自身を誇りに思い、労《ねぎら》える心境になった」

「ずっと背負ってきた〝責任〟という名の大きな荷物をやっと降ろせた」

など、このような「共依存」を卒業した自由な意識状態が、ステージ3なのです。

ステージ3の意識状態にいる人のタイプ

ステージは個性のようなものではなく、今、あなたが置かれている環境や人間関係によって変化していくものです。

ここでは、比較的ステージ3の意識状態になれているタイプをご紹介します。自分に当てはまるタイプがあるか確認してみましょう。

タイプ1 親や会社の問題と自分の問題を区別できる人

ステージ3の意識状態になると、「自分は自分」「人は人」として選別した生き方ができるようになります。

例えば、

「親の問題」や「子どもの問題」と「自分自身の問題」を一緒にしない

「会社の問題」と「自分の問題」は別のものと割り切って考えられる

などです。

「自分の人生は自分のもの」「子どもの人生は子どものもの」というふうに、自分と他者の個性や問題の区別が明確になっています。

つまり、会社や家族、誰かの支配下の人生ではなく、自分の人生を生きているのです。

これらが明確に区別できていれば、親や子ども、上司といった人たちとの共依存関係から脱することができています。

これは、**自分の人生を自分の足で立っている**ということです。

ステージ3の意識状態で生きることができるようになると、人間関係もがらりと変わります。

ベストなパートナーと縁を結ぶことができたり、良いタイミングや環境に恵まれたり、自分が所属する組織のあり方が変わってきたりします。ステージ3の意識状態の人がキーマンになることで、仕事のあり方も自分らしさや創造性を発揮する方向へと変わっていくのです。

そういう点では、ある意味、ステージ3の意識状態の人はわがままとも言えます。

誰と関わろうが一番は、「自分がどうしたいか」であり、社会の為、子どもの為、親の為、社員の為ではなく、「自分の人生を生きているか」ということに焦点を当てているからです。「共依存」の関係性とは真逆のあり方をしています。

しかし、ステージ1やステージ2の意識状態の人も各ステージでご紹介したステップを踏んでいくことで、ステージ3の意識状態にまで成長できるのです。

タイプ2 「こんな自分でもいいや」と思っている人

ステージ3の意識状態の人は、「他者から認められよう」と思うより先に、自分で自分を認めています。

ステージ1やステージ2の意識状態の人のように、他者に振り回される「他人軸」が原動力になっていません。誰かに依存していないので、当然と言えば当然です。

ステージ3の意識状態の人は、自分で自分を認めることができる「自分軸」で生きています。

自分軸の人の特徴は、「人にどう見られたくて生きているのか」ではなく、「自分がどう生きたいのか」が自己表現の軸となっています。人の目を気にして気取ったり、格好つけたり、無理して他人に合わせたりはしません。

自分の長所も短所も含めて、あるがままの等身大で生きている為、人目を気にしないのです。

「大人は、こうあらねばならない」
「社会人は、こうあらねばならない」
「親は、こうでなくてはならない」

という固定観念を捨てて、

「人の期待に応えられず、がっかりされても仕方がない」
「自分は立派な人ではないけれど、それでもいいや」

など、**こんなふうに、自分の不出来や欠点にも気づいて、受け入れていきます。**

自分の本当の姿を受け入れるのです。

人間関係において自分自身を理想に当てはめようと背伸びをしたり、必要以上に卑下したりするのではなく、等身大の自分自身を否定しないで、認める――つまり、**自分の欠点も含めて、あるがままを受け入れることが、自然体で生きていく為のポイント**になるのです。

タイプ3　誤解を気にしない人

ステージ3の意識状態の人は、他者との関係に執着しないので、時に「冷たい」「他人に無関心」と言われ、誤解されることがあります。

相手が自分に近づきすぎると、距離を置く傾向がある為、「依存したい」と思って近づいた人からすると「突き放された」ように見えます。その結果、誤解されたり、不満を持たれたりすることがあるのです。

しかし、誤解されてもさして気にせず、弁明もしません。

なぜなら、「離れる人は離れるし、それも自然の流れ……出逢いもあれば、別れもある」という感覚で生きているからです。自分の人生を生きる覚悟ができているので、ある意味で開き直っています。

もちろん、誰でも嫌われることを好む人はいませんが、自分らしく生きていれば、他人の誤解をさほど恐れることはないのです。

自分という存在を愛し、満ち足りた感覚で肯定できているからこそ、他人の目がそんなに気にならない。それが、自分軸で生きている、ということです。

自分を大切にしていれば、人間関係も変わってきます。

誰とでも仲良くする必要もないのです。お互いの独立した人生・世界観を尊重してくれる人たちと適切な距離感を保って繋がり、共感し合い、共創し、何かを生み出していく。

こうしたあり方こそが、これからの私たちが目指す新しい人間関係であり、新しい社会であり、ステージ3やステージ4のビジョンなのです。

タイプ4　他人を救おうと思わない人

「自分の足で生きる」ということは、経済的自立と同じ意味ではありません。

自分らしく、あるがままの自分でいられるかどうか、が大切です。

「いざとなったら自分も経済的な部分は支えられるよ」といったマインドがあれば、それだけで十分なのです。

ステージ3の意識状態の人は、家族にも、友人にも、同僚にも、必要以上に干渉しようとせず、自分の世界を大事にして自然体で生きています。それでいながら、家族や周囲の人たちへの感謝の気持ちを常に持っており、**「自分がハッピーでいられるのは、周りにいる人たちのおかげだ」**と自然に思えるようになります。

ステージ2の意識状態における「自分が相手の為に何かをしなければいけない」という自力モードではなく、「自然体にしていればうまくいく」という、言わば**手放しモード**なのです。

ステージ3の意識状態は、忍耐と根性でつかんだものではありません。自然体で周囲と関わる上で、「自分は生かされている」「愛されている」と素直に思える状況です。

ステージ3の意識状態の時は、自分のことを大切に思い、身体にも気をつけたりすることができます。

しかし、「世の中の為に自分ができることがあるならちょっとでも役に立てたらいいな」くらいの感覚は持っていますが、基本的に、他人を救おうとは思いません。**本当の意味で自分を救えるのは自分だけだとわかっているからです。**

タイプ5　団体や組織が苦手な人

ステージ3の意識状態になると、基本的に団体や組織から距離を置くようになります。

元々、会社や組織などの共依存的な人間関係が性に合わず、このステージに入っていく人が多いからです。複雑な団体や組織と絡みたくないと思うことが多く、「自分のペースでずっとやっていきたい」「自分のやりたいように生きていければ十分に幸せだ」と感じています。

実際、その通りなのですが、一人で満足していても、時折退屈になってくるものです。

そのため、

「皆と何か楽しいことができないかな？」

「ボランティアなどの社会貢献をしたい」

といった気持ちが湧き上がってきやすいのも特徴です。

ただし、人が集まる組織的なものになると、面倒なことが起きることもあります。ステージ3の意識状態の人が中心の集まりだとしても、ステージ1やステージ2の意識状態の人が関わってくると、**相手の執着や依存のエネルギーが強い場合、必ずそちらに引っ張られてしまうからです。**

自分がステージ3の意識状態で穏やかな心持ちでいても、自分より強い執着のエネルギーに引っ張られてしまうので、気づけば、ステージ1とステージ2の共依存関係に巻き

込まれたりします。

相手がものすごく依存的である場合、「この人をなんとか依存から脱出させたい」「どうすればこの人を変えられるだろう」というステージ2の意識状態になってしまうのです。

「自分の問題と他人の問題は違うんだ」と切り離してしまえばステージ3の意識状態に戻れるのですが、それに気づけないとなかなか戻れません。

そのため、**ステージ3の意識状態に戻る習慣を身につけて、定着させること**が重要になっていきます。

＊＊＊

たとえステージ3の意識状態になれたとしても、相手や環境によってはステージ1やステージ2の意識状態になってしまうこともあります。

先程お話ししたように、ステージ1やステージ2の意識状態になったとしても、ステージ3の意識状態に戻れるよう、次にご紹介する各ステップを意識して習慣づけたり、定着させたりするようにしましょう。

ステージ3の意識状態を定着させるには

あるがままの自分を認め、自分らしく生きることのできるステージ3の意識状態の人は、他者と適切な距離感で付き合うことができています。ステージ3の意識状態をより定着させるためには、自分のやりたいことをやりつつも、同じステージの人と繋がっていくことが大切です。

ステップ1　家庭や社会の習慣に縛られない

ステージ3の意識状態の人は、結婚という形態にもあまりこだわらず、結婚していても自分の人生をお互い自由に生きています。

「妻になったら家に入ってご飯を作るのが当たり前だ」「旦那が稼いでくるのが当たり前だ」という既存の価値観はほとんどありません。

相手の世界観を尊重し、それぞれの人生を応援し合える関係性だからです。

世間の価値観や周囲の目などを気にすることなく、自分たちが心地良いと思える独創的な関係を構築して、楽しんで生活していきましょう。

今、結婚をしない人たちがすごく増えているのは、ステージ1とステージ2の関係性が中心となった、これまでの社会にうんざりしているからでしょう。会社や組織で、ステージ1とステージ2の共依存関係にうんざりしているので、プライベートまでもそうした関係で支配されたくない、悩まされたくない、と感じている人たちが増えているのです。

自分は自分らしく生きたい。もしもそれを邪魔されるのであれば、結婚をしたくない――これがステージ3の意識状態の人々の価値観です。

・入籍したら一緒に住まなければならない
・子どもを生まなくてはならない
・相手の親の面倒を見なければならない

などという習慣は、彼らからするとひどく面倒なものに思えてきます。

仮に、自分がステージ3の意識状態であっても、相手や相手の家族が強烈なステージ1やステージ2の意識状態であれば、どうしてもそちらに引っ張られてしまいます。

血縁関係や婚姻関係は距離感が近いので、個々のメンタルに大きな影響を与え、その執着した関係から脱することは難しいもの。

しかし、「心の成長ステージ」の原理を知り、ステージ3の意識状態を保つことができれば、血縁関係さえ変化させることができるのです。

ステップ2　高いステージの人たちと関わり、良縁を結ぶ

人は、誰と関わるか、どんな仲間と関わるかで、人生の豊かさが変わってきます。

「縁結び」という言葉がありますが、男女の関係のみならず、人とのご縁というのは、**自分の今いるステージに見合う形で、必然的に縁を結んでいくのです。**

良縁を結んでいきたかったら、自分のステージを上げるしかありません。自分のステージが上がったら、そのステージに合った人たちと必然的に縁が結ばれるようになります。

ステージ1とステージ2の共依存関係というのは、求め合っているものがお互いに一致しているからこそ、良くない縁を結んでいるのです。

もし、あなたがステージ3の意識状態であれば、ステージ1やステージ2の意識状態の人とは積極的に関わろうとしないでしょう。相手もまた、あなたに深い関係を求めることはありません。ステージ1やステージ2の意識状態の人は、自分が求めているものをステー

ジ3の意識状態の人は与えてくれないと感じる為、距離を置いたり、離れていったりします。

基本的に、自然体で生きるステージ3の意識状態の人は、同じステージの人と繋がり、関係を持つようになっていくのです。お互いに尊重し合いながら、適切な距離感を持った関係を形作っていきましょう。


人間関係は、ステージが同じ相手か、頼るべきステージの人と繋がっていくようにできています。


男女の関係で言えば、ステージ1とステージ2の意識状態の人が結婚することが多いのはその為です。

ステージ1の意識状態同士だと、馴れ合い的で、距離感のない依存的な関係になり、成長も発展性も望むことは難しくなります。

ステージ2の意識状態同士だとぶつかります。年がら年中喧嘩をしている夫婦というのは、常に主導権争いをしているわけです。

つまり、自分のステージを認識した上で、自分らしく主体的に生きるステージ3の意識状態に自らを引き上げていくことが、依存関係でも、主導権争いでもない、他者と良い縁を結んでいく秘訣になります。

ステップ3　他者と繋がって喜びを分かち合う

ステージ3の意識状態の人は、「あるがままの自分を愛するあり方」を手に入れているので、ステージ1やステージ2の意識状態の人のようにステージ3の意識状態を抜け出してステージ4の意識状態に必ず移行しなければならない、ということはありません。

ただし、ステージ3の意識状態になると、自然と自主的に社会貢献や他者と繋がって喜びを分かち合いたいと思うようになります。

そうした気持ちを抱いたら、気の合う人と新しいプロジェクトを立ち上げたり、対等な関係でのユニットを組み一緒にワクワクすることを始めてみたりするといいでしょう。

誰かと共に、革命的な変化へチャレンジする――**「共同創造」**というステージ4の意識状態へのステップアップをぜひ楽しんでください。

そうすることで、**他者との繋がりによる喜びの分かち合い**を体験し、その経験が、あなたをステージ4の意識状態へと引き上げ、さらなる人間的成長や人間的成功へと導いてくれることでしょう。

ステップ4　あるがままの自分を受け入れ、主体的に行動する

ステージ3の意識状態にあっても、我々は些細なことがきっかけですぐにステージ1や

ステージ2の意識状態に戻ってしまいます。

ステージ3の意識状態を定着させる為には、常に意識して思考し、行動する必要があります。

具体的には、次のようなことを実践してみましょう。

- 自分の過去の浄化や癒しを積極的に行う
- 自分のやりたいことや好きなことに意識を向ける
- 共依存している相手の要求や意見に耳を傾けない
- 自分の人生を生きることへの罪悪感を手放す
- 自分を大切にすることを徐々に実践する
- 他者から愛されたいという執着を手放す
- 他者から認められることよりも自分で自分を認める
- 他人と違って良いという自分の世界観を持つ
- 自分の個性を自己認識して、等身大でいることを心がける
- 完璧を求めず、背伸びをしない
- 変化することは当たり前だと認め、過去の関係に縛られない

・人に対する期待を手放す
・できることはとにかく自分でやってみる
・自分の人生を他人任せにしない
・誰かを幸せにしたければ他人よりも自分を優先する
・他者や組織ではなく、まずは自分の人生に責任を持つ

＊＊＊

ステージ１とステージ２の共依存的な人間関係で苦しんできたあなたがひとまず目指すべき意識状態こそが、ステージ３です。他人に依存することも、人目を気にすることも、常識に縛られることもなく、自分らしく生きることのできる境地です。

様々なしがらみから自由になったあなたは、これから自由に独自の人生を生きていくことができるでしょう。この先に、さらに人生を楽しむ共同創造（ステージ４）の道も拓けているのです。

ステージ3の簡易チェック表

次のチェック表を活用して、あなたがステージ3の意識状態にいるかどうか確認してみてください。

【チェック項目】

□一人の時間を大切にしている
□好きなこと・やりたいことに取り組んでいる
□周囲の人のことはたいして気にならない
□他者の問題と自分の問題の区別ができている
□自信のある・ないに関わらず、やってみることができる
□自分の足で生きていると実感している
□家族や周囲の人たちへ感謝の気持ちが常に感じられる
□自分のことを大切に思い、身体にも気をつけることができる

表に半分以上チェックがついたら、あなたはステージ３の意識状態です。現在、自分はステージ３の意識状態にいることを自己認識して、本章でご紹介した四つのステップを実践していきましょう。

そうすることで、ステージ３の意識状態をより定着できるようになります。

Column 「手放す」ということ

昨今、私は、スタッフを増やして自分の事業を組織化し、拡大していこうと思っていましたが、この取り組みについて今は考えを手放しました。

なぜなら、結局のところ、私はステージ2の意識状態で組織を創造し、ステージ1の人たちの手を引き、人を育てる為に会社を組織化して、仕事を与えようとしていたことに気づいたからです。

もし気づかずに組織化していれば、恐ろしい人間関係に陥っていたでしょう。

事前に自己認識ができたことで、事業の組織化・拡大をやめることができました。これは諦めではなく、「執着を手放す」という結論に至ったからこそ決断できたのです。

また、過去には恋愛関係でも相手に期待や執着、依存をしていました。自分で自分を大切にせず、相手を愛そうとせず、相手に愛されていると感じることもない……。

その結果、最終的に依存していた相手との人間関係は、見事にすべて終わりました。

恋愛でも、かつては、
「相手との未来を信頼できない」
「幸せになる気がしない」
などの感情が、誰と交際しても常につきまとっていました。

それは相手を信頼していないというよりも、自分自身を信じていなかったからだということに気づいたのです。現在では、ありのままを理解してくれるパートナーが私の側にいてくれます。

今、本当に多くの人々が、自分の中に眠っている**「自分自身の本当の力」**や**「自分自身を幸せにできる能力」**に気づかず絶望しています。

自分一人では、孤独で不幸に感じるからこそ、他人に依存しようとします。しかし、私たちは皆、本来、「あるがままの自分」で幸福なのです。誰もがそのことに気づき、自由に生きる力を持っているのです。

人間関係において悩んだり、苦しんだりしている場合、それは「自分の力を信じろ」「自分の力に気づけ」というシグナルだと捉えるということなのです。

- ステージ4の意識状態とは
- ステージ4の意識状態にいる人のタイプ
- ステージ4の意識状態を定着させるには
- ステージ4の簡易チェック表

ステージ

4

「共同創造・自分軸・他者受容」

ステージ4の意識状態とは

ステージ4の意識状態の人は、他者や様々な縁に向かって心を開いています。自分の意志で何かを達成していくというよりも、周囲の力や自然なタイミングなどで多くの人たちと必然的に関わりながら、**「共同創造」の輪を広げていきます。**

「共同創造」とは、ステージ3の意識状態の人たちが自主的に集まり、それぞれの個性や才能を活かしながら、何かを作り上げていく営みのことです。

つまり、ステージ4の意識状態は一人ではなく、他者とのチームプレーで何かを作り上げていく段階になります。ある意味では、組織論とも言えます。

また、個人であっても「共同創造」は可能です。親子や夫婦、同業者、仲間など、共に何かを楽しんだり、企画やイベントを組んだりして、一緒に創造することもステージ4の関係性となります。

例えば、

「夫婦で世界一周旅行をしよう」

「親子でホノルルマラソンに出場しよう」

などの夢や目標を持ち、「そのためには、お互いこんなことを努力しよう」と、それぞれのやるべきことをするのもステージ4の関係性です。


私の場合は、パートナーと出逢った時から「いつか田舎暮らしをしたいね」という夢を語り合っていました。交際期間中、地道に2人で田舎暮らしの計画を進め、その計画が達成され、田舎暮らしができるようになった後、入籍しました。

共依存から結婚に至るステージ1とステージ2の関係性ではなく、お互いに夢を叶えるステージ4の意識状態における共同創造という形で結婚に至ったのです。


ステージ4の意識状態で夢や志《こころざし》を実現するには、まず個人レベルの幸せや安らぎの境地であるステージ3の意識状態でいる必要があります。

自分を受容し、自分らしくあるステージ3の意識状態で生きている為、自分の内面的な成長から先の社会貢献や周囲との喜びの分かち合いに意識が向きやすくなっていきます。

自分と同じステージ3の意識状態で活動している仲間と共に、チームになって夢や目標を実現していく意欲に燃え、行動していく段階であり、損得ではなく、信頼と目的、志によって繋がる関係です。

社会や仕事、人間関係の中で、ステージ2の意識状態における共依存関係とは異なる「共同創造」というアプローチによって多くのことを与えていく段階となります。

ステージ3の意識状態が常態化・固定化し、その上でステージ4の意識状態で人と関わり、生きられるようになると、**「自分一人では達成できないことも、仲間が集まれば達成できる」**ということを確信できるようになります。

ステージ4の意識状態の人は、ステージ2の意識状態の人が抱く「自己犠牲」のように、「自分がやらねばならない」という脅迫的な義務感や焦り、責任を背負う感覚を抱いたりはしません。また、ステージ1やステージ2の意識状態の人を無理に誘ったりせず、同じステージ3やステージ4の意識状態の人たちが自然に引き寄せられて形作られたチームに信頼を置いています。

つまり、「誰かを変えなければならない」という執着心がないので、心持ちは軽やかです。

「共同創造」の輪で繋がるチームにおいて、主導権は関わる相手やチームの人たちの役割に応じて平等です。

「誰かの言うことを聞かなければならない」といったことは起こりません。「指示」や「命令」ではなく、「夢や目標を達成する為の話し合い」で物事を進めます。

「目標を達成すること」よりも、「お互いに夢を語り、同じ夢を追いかけるプロセス」に、より大きな喜びを感じ、ワクワクしながら、深刻になることなく人と関われ、ストレスどころか、絆や共感、感激、感動が発生します。

集まった仲間が一丸となって、助け合いの精神で役割を平等にこなす為、夢や目標を早く達成することも可能になります。さらに信頼関係が築ける為、皆が自信をつけて自立的に動くようになり、その好循環の中で次の夢や目標に向けて拍車がかかります。

チームは各個人の自己実現の集合体の形を取る為、その分多くの人たちに影響を及ぼす可能性も高くなるのです。

ステージ4の意識状態が起こすムーブメントは、まさしく**「追い風に乗ったような現象」**

として現われます。気がつけば応援者が増え、スムーズな形でプロジェクトが進み出し、夢や目標の達成に向けて加速が起こります。

もちろん、チャレンジしている最中の喜びも、達成した時の感激も、個人レベルでの自己実現とは比べものにならないほど、大きなものになるでしょう。

ステージ4の意識状態で人と関わると、一人では達成できないことも仲間とならば達成できると理解できます。

そして、今まで味わったことのない、最高の充実感に包まれるのです。

ステージ4の意識状態にいる人のタイプ

ステージ3が、自分らしく、自由に、自立して生きる意識状態であるとしたら、**「誰かを応援する」**というベースの上に成り立つのが、ステージ4の意識状態です。

「誰かがもっと自己実現してハッピーになるのだったら、自分はそれに対して応援したい」といった応援のエネルギーです。

ステージ3の意識状態の人たちが中心となって集い、それぞれの得意なことや能力を使って、何らかのイベントなどを立ち上げる――これがステージ4の意識状態の特徴、「相互依存」の関係です。

「相互依存」とは、「共依存」と違い、お互いに様々なものを与え合い、受け取り合うという、個性や役割を活かし合う関係です。

持ちつ持たれつ、本当の意味でウィンウィンの関係になるのが、この「相互依存」の関係なのです。

しかし、ステージ4の意識状態になる為には、ステージ3の意識状態で他者と関わる必要があります。

ステージ1やステージ2の意識状態の場合、依存的であったり、自己犠牲的なので、心から楽しんで何かをすることができません。ステージ3の意識状態の人たちが、自主的に集まって何かをやろうとした場合、仮にステージ1とステージ2の意識状態の人がいても、中核にいるのはステージ3の意識状態の人たちである必要があるのです。彼らは、自ずとステージ1とステージ2の意識状態にいる人たちに影響を与え、ステージ3やステージ4の意識状態に引き上げる役割を担うことになります。

ここでは、こうしたステージ4の意識状態でいられるタイプをご紹介します。自分に当てはまるタイプがあるか確認してみましょう。

タイプ1　誰かに喜んでもらうことに幸せを感じる人

人は、誰かに喜んでもらった時、最も大きな幸せを感じます。

組織や理念ありきではなく、個人の**「楽しみたい」「応援したい」**という気持ちが先にあり、その上で、依存や自己犠牲ではなく、本当に自分が人生の主役になって、主体的に行動できるようにならないと、ステージ4の意識状態にはたどり着けません。
純粋に「喜んでもらえて良かった」と感じる為には、自分の本心に蓋《ふた》をしていてはだめなのです。

この「喜んでもらえて良かった」という人々の集まりが、ステージ4の関係性です。

皆で集まって、もっと大きなエネルギーで何かしよう、というのがステージ4の意識状態です。個人レベルで与え、喜んでもらうだけならばステージ3の意識状態で十分です。
人間一人ひとりの力はたかが知れています。ステージ4の意識状態の人々が集うからこそ、もっと大きな喜びのエネルギーや共感が生まれ、「同じ喜びを他者と分かち合う幸福」を味わうことができるのです。

タイプ2　共感や喜びを分かち合いたい人

ステージ3の意識状態では、「人は人」「自分は自分」という独立独歩の考え方になりがちです。それはそれでいいのですが、会社などの組織に所属しているか、いないかにかかわらず、様々な集まりに参加することもあるでしょう。

例えば、年に一回のお祭りやイベントで地域の人たちが力を合わせる場やお花見、町内会、ＰＴＡといったものです。こうした人々が集う場でこそ、ステージ4の意識状態のような関わり方が大切になってきます。

こうした集まりに固定的な「理念」は必要ありませんし、
「人数をたくさん集めなくてはならない」
「参加しなくてはならない」
「継続しなくてはならない」
などの「こうしなくてはならない」ということもありません。

ステージ4の意識状態は、自由人であるステージ3の意識状態の人たちが中心となる集まりの為、やりたい人たちが集まって、それぞれの特技なり、能力なりを発揮してイベントを立ち上げ、楽しんだら、それぞれが個々の自由な人生――つまり、ステージ3の意識状態に戻っていくのです。

これまでの固定的な組織に馴染んだ人や帰属意識の強い人にとっては、ドライ過ぎるように感じるかもしれません。

しかし、自発的に参加して、楽しみ、人々が集い、自然に生まれた大きな流れの中で一緒に活動するからこそ、純粋な共感や喜びが湧き上がってくるのです。

自分が一生懸命に何かをした時、相手にすごく喜んでもらい、「ありがとう」と言ってもらえたら、心から「やって良かった」と感じるでしょう。

その喜びは、個人で何かをしている時よりも、何倍も大きなものになるかもしれません。**人は、誰かと共に創造し、共感し合い、誰かに喜んでもらった時に、最大の喜びを味わうことができるからです。**

だからと言って、その集まりやイベントに固執することはありません。

自由で、主体的な「個人の集合体」――これが、営利・非営利問わず、これからの新しい団体や組織の理想的なあり方になっていくでしょう。

タイプ3　空気を必要以上に読まない人

ステージ4の意識状態の根幹である**「個人の集合体」**という感覚を多くの日本人は理解できません。

なぜなら、人は潜在意識の中に「組織とはこういうものだ」「会社とはこういうものだ」

と刷り込まれているからです。

日本人は、個人より組織が先にあるのがこの世の中であり、社会や組織に奉仕するのが大人のあり方だ、という教育をされてきました。

つまり、社会よりも、自由な個人が先にあるという、ステージ3の意識状態が定着していないので、ステージ4の意識状態のあり方がピンとこないのです。


実は、ステージ3の意識状態で生きるということは、現代の日本人にとっては一番難しいことかもしれません。

まだまだ日本人は組織や会社への帰属意識が強く、個人の自由意志より集団行動を選びます。「空気を読め」というのも日本人独特の感覚です。私たちは、どうしても個人よりも組織を優先してしまいがちなのです。

それが効率的な時代もあったのかもしれません。しかし、今は、こういった組織や「社会人はこうあらねばならない」という固定観念自体が、個人を抑圧し、ないがしろにし、苦しめる時代です。

私たちの苦しみのほとんどは、「誰かの為」「組織の為」に生きなければならない、という条件づけの下で生じます。

他者や組織よりも、まずは自分です。自分が豊かにならなければ、誰かに何かを分け与えることができるはずもありません。

この当たり前のことを忘れてしまって、集団主義に囚われているのが、日本人のあり方なのです。

もしも、あなたが会社や人の集まりの中で、必要以上に周囲の空気を読まずに他人と関わることができているとしたら、あなたはステージ4の意識状態であると言えます。

＊＊＊

あなたがステージ4の意識状態であったとしても、関わる人や環境によっては、ステージ1やステージ2の意識状態になる可能性もあります。

そのため、次にご紹介するステージ4の意識状態を定着させるステップを日常的に行いましょう。そうすることで、あなたは常にステージ4の意識状態で生きることができるのです。

ステージ4の意識状態を定着させるには

お互いに与え合い、受け取り合う「相互依存」の関係を楽しむことができるステージ4の意識状態を定着させるためには、積極的に小さなイベントを立ち上げて、創造的なプロセスを味わうことがお勧めです。「共同創造」を楽しみ、未知なる世界に踏み出しましょう。

ステップ1　短期間の目的で自主的なイベントを立ち上げる

共同創造であるステージ4の意識状態を体験する一番簡単な方法は、小規模でもいいので、ステージ3の意識状態の人が単発的なイベントを立ち上げることです。

短期の目的だけで一瞬だけ集まり、イベントを終えたら解散することで、依存関係とは異なる創造的な関係を築くことができます。

「自分はこれが得意だからやりますね」

「じゃあ、私はこれをやります」

といった自主性で集まり、協力する関係が理想です。
その祭り事やイベントが成功したら、皆で打ち上げをして、それで一日終わるのです。
そうすることで、**ステージ4の意識状態を瞬間的に体験**することができます。

ステージ4の関係性とは、皆で共同創造したことを喜び合い、分かち合う体験です。この体験をした人は、共同創造の喜びや楽しんだ感覚を覚えているので、再びそれを体験したくなります。その結果、「またイベントをやろうか？」と横並びの感覚で人に声をかけたり、集まったりすることができるようになるのです。

この達成感や心地良さは、ステージ1とステージ2の意識状態では味わえません。依存関係があると、それぞれが自由に個性を発揮する場にならないからです。

まずは、すぐに皆で達成できるようなプロジェクトを立ち上げて、一度やってみるといいでしょう。あくまでも、「こんなことをやってみたいけれど、一緒にやってくれる人はいますか？」と自主性に任せて参加者を集うのです。

自分の得意分野を活かして、「これだったら私、できます」と名乗りを上げるような人々を集め、それぞれに自分の個性をのびのびと発揮する。そうすることによってパズルのピースが合わさって一つの絵ができる――この成功体験の繰り返しが、ステージ3からステージ4へと意識状態を引き上げていく、一番早い方法です。

「褒められたい」「認められたい」などではなく、自分が得意とすることで何かに貢献したいと思って参加するイベントが共同創造です。

目立ったり、主役にならなくてもいいのです。それぞれの個性を活かした自主参加なので、誰もが、その主なる目的の役に立っていることや歯車の一つになっていることによる達成感や喜びを味わうことができるのです。

それぞれの役割をこなすことで、仲間で何かを達成した時に、お互いに対する感謝の気持ちや協調することの楽しさが湧き上がってきます。

ステージ1やステージ2の意識状態になりやすい人も、その場にいる時は自然とステージ4の意識状態になっています。ステージ4の意識状態の人たちの輪にいて、ステージ4の意識状態の空気感を味わっていると、ステージ1とステージ2の意識状態の人もステージ4の意識状態になり得るのです。

ただし、ステージ1とステージ2の意識状態である人が持っている期待や執着、依存のエネルギーが強烈な場合には、ステージ4の意識状態で関わっていてもそのエネルギーに飲まれてしまうことがあるので注意してください。

ステップ2　自分のできる範囲でサポートする

ステージ4の意識状態で人と関わる場を作る時、大切なのが他者や仲間との距離感です。適した距離感を保つ為には、**「自分ができることでサポートする」という感覚が大切です。**

「会社の為に一緒に頑張ろう！」という感覚になると、ステージ3の意識状態の人は違和感を覚えます。

なぜなら、「組織の為に頑張ろう」という感覚は、ステージ1とステージ2の意識状態に特有のものだからです。これは共依存的なあり方であり、個人と組織とが一体化してしまっているのです。個性的な人たちがそれぞれ自分の役割を理解し、その範囲で何かを一緒に達成する、という自由な感覚がありません。ステージ1とステージ2の意識状態にあると、「無理に頑張ってしまう」からです。

特に、ステージ2の意識状態にあると、頑張っていない人を「もっと頑張れ。私はこんなにも頑張っているんだぞ」と指導してしまうこともあります。そうした関係に、共同創造の喜びはありません。

組織ありき、ではなく、まずは自分ありき。

自分が楽しみ、喜んでできる範囲で役割を果たす、という意識で人々の輪に加わり、共同創造の喜びを味わってみましょう。

今後、ますます世の中の多様化が進み、「会社」「組織」「ルール」よりも、より一層、個人の「能力」や「個性」に重きが置かれることになるでしょう。

自由な「個人」をベースにした「共同創造」の価値観が必要とされることは間違いありません。

ステップ3　自分の個性を発揮し、相手の個性を受け入れる

これからは、ステージ3やステージ4の意識状態で活躍する人が増えていくことは明らかです。

必然的に、組織も会社もステージ4の意識状態における思考回路を取り入れていく流れに

なることでしょう。

つまり、人々が主体的に動き、周囲に自分軸でポジティブなエネルギーを与えるステージ4の意識状態こそが、組織を活性化させていくのです。

ステージ4の意識状態を定着させる為には、集団の中で次のようなことを意識して行動してみましょう。

- 仲間とは、魂が成長する為に引き合った意識の集まりであると理解する
- 「チームの為」「仲間の為」と思って行動しない
- 自分のやりたいことや得意なことを追求していく
- 人に「期待しないこと」「あてにしないこと」を意識する
- 同じ目標を持っていても、考え方は皆違うことを理解する
- それぞれの個性や役割を理解し、受け入れる
- お金を追わない、損得勘定で動かない
- お金は必要な物事や状況を動かすエネルギー源として捉える

＊＊＊

日本社会において、「個々人の人生は、会社や組織よりも価値がある」ということに気づいていない人がまだまだたくさんいるようです。

しかし、今後は、「今のままではいけない」と気づいた多くの組織や会社が、ステージ4の意識状態に移行していくでしょう。

むしろ、ステージ4の意識状態である共同創造に基づいた組織でなければ、「個人」という単位が重要視されるこれからの新たな社会では生き残っていけないのです。

だからこそ、常にステージ3の意識状態を保った上で、ステージ4の意識状態で家族や友人、同僚などとの人間関係だけでなく、会社や組織、社会などとの関係を築いていきましょう。

ステージ4の簡易チェック表

次のチェック表を活用して、あなたがステージ4の意識状態にいるかどうか確認してみてください。

【チェック項目】

□ボランティアなど、社会貢献を行っている
□パートナーや仲間のおかげで、やりたいことができていると感じる
□同じ夢や目標を持つ仲間がいる
□自然な流れで誰かと同じ目標に取り組んでいる
□誰かの指示がなくても物事が進んでいく
□人と離れていても孤独感がなく、繋がりを感じていられる
□自分の得意なことや好きなことをしているだけで、人に喜ばれている
□共に泣いたり笑ったり、分かち合える仲間がいる

表に半分以上チェックがついたら、あなたはステージ4の意識状態です。現在、自分は共同創造ができるステージ4の意識状態であると自己認識して、本章でご紹介した三つのステップを実践していきましょう。

そうすることで、ステージ4の意識状態をより定着させることができます。

常にステージ4で生きる為に

ステージ4の意識状態だと思っていたのに……

人間関係に悩み、苦しんでいた私が「共依存」という言葉を知ってから、意識して考え、行動していくうちに、ステージ1やステージ2の意識状態から抜け出し、常にステージ3の意識状態で生きられるようになりました。

その後も、ステージ3の意識状態が定着し、人間関係や周囲の環境が変わっていく中で、ステージ3の意識状態の人たちと繋がり、様々なイベントや社会貢献をするようになりました。

つまり、「心の成長ステージ」をステージ4の意識状態まで引き上げることができたのです。

常にステージ3の意識状態で自分らしく生きられるようになった私は、今までできないと思っていたことに挑戦するようになりました。

しかし、その中で、自分ではステージ3やステージ4の意識状態で関わっていると思っていたにもかかわらず、気づけばステージ1やステージ2の意識状態になっていたことがあったのです。

ここでは、ステージ4の意識状態だと思っていたら実際はそうではなかった時の体験についてお話ししましょう。

＊＊＊

私は、Bさんと一緒に共同経営で法人を立ち上げ、十年ほど組織を運営していたことがありました。

立ち上げ当初、私はステージ4の意識状態だったのですが、いつしか気づけば、Bさんとはステージ1とステージ2の共依存関係になっていたのです。

お金の管理や顧客管理、広報的作業は、Bさんが行っており、私はひたすら現場の役割をこなしていました。私は、それぞれがお互いの役割をこなして、この組織を一緒に運営していると思い込んでいました。

しかし、Bさんが担っていたお金の管理と顧客管理や広報作業というのは、経営では重要な役割の為、いつの間にかBさんが経営者としての主導権を握った状態となっていました。そのため、何か物事を進めるにも、最終的にはBさんの意見を聞かざるを得なくなってしまったのです。

私はステージ3の意識状態で、好きなことをのびのびと行っていたつもりでした。しかし、結局はお金の管理や経営という自分の苦手分野をBさんに押しつけ、「現場の役割だけではなくそういったことも一緒にやって欲しい」とBさんに言われた時も、「私の役割ではない」と言いながら、無意識的に都合良く、逃げていたのです。

つまり、経営者にも関わらず、「私はやりたくない」とステージ1の意識状態になり、Bさんに依存していました。

最終的に、お互いの主張がぶつかり合うステージ2の意識状態同士の関係となり、主導権争いが増え、共にやっていくことが不可能となりました。そして、十年間行ってきた組織の共同経営が崩壊してしまったのです。

＊＊＊

他者との共同経営で、組織の運営やイベントなどを行う場合、お金に関わる実権や顧客管理、広報という大きな役割を一人の人間に任せてしまうと、それはもうステージ4の意識状態における共同創造にはなりません。ステージ4の意識状態同士で横並びの関係でいる為には、お金に関するリスクも分かち合う必要があるのです。

もちろん、事務や経理という役割は得意な人が行えばいいでしょう。しかし、出資やお金の使い道、提供するプロジェクトの宣伝・広報などを、誰か一人だけが行っている場合は、それはその人のプロジェクトであり、その人以外の人たちは、サポート役となってしまいます。それらを自己認識してプロジェクトに関わらなければステージ4の関係性だと思っていたのが、実はステージ1とステージ2の関係性だったということになりかねないのです。

「何の為」に行うのか？
「誰の為」に行うのか？

ステージ4の意識状態で組織やイベントを立ち上げ、行動に移す際には、まず、目的を明確にし、しっかり把握して物事を進めていく必要性があるのです。

ステージ3を定着させなければ、ステージ4ではいられない

私のこれまでの経験上、ステージ4の意識状態で人と関わっているつもりでも、大抵の場合、相手はステージ1かステージ2の意識状態で関わろうとしてきます。

元々、私は人の面倒を見過ぎてしまう傾向が強く、ステージ2の意識状態に陥りやすいので、私に関わってくる相手は、どうしてもステージ1の意識状態になりやすいのです。

私は現在、セラピストを育成するスクール事業を運営し、パートナーとは一緒に自然農法の取り組みを共通の仲間と共に行うなど、様々な活動をしています。どれも個性的な人たちとの繋がりで、ステージ4の意識状態で関わることができています。

ステージ4の意識状態が今のように定着するまで、責任感や正義感から、私は無意識的に「多くの人の期待に応えなければならない」というステージ2の意識状態に何度も何度も陥っていました。

だからこそ自分の感情に向き合い、自分がステージ2の意識状態に陥っているということを自己認識できたら、すぐさまステージ4の意識状態のベースとなるステージ3の意識状態に戻していく、という作業が必要でした。

そうやって何度も何度もシーソーのように「心の成長ステージ」の行き来を繰り返し、ステージ4の意識状態で他者と関わることを意識してきました。

「組織のトップとして理念はないのか？」
「もっと方向性を決めて皆を引っ張ってくれないと周囲が迷います！」
など、様々なことをこれまでも言われてきました。

「心の成長ステージ」の理論を皆に伝えても、なかなか理解されることがなく、結局、従来の「組織論」や「経営者」という観念の枠組みに当てはめて私を見てくるので、当然の反応だったと思います。

他者からステージ1の意識状態で関わられて、強い期待や執着、依存のエネルギーで引っ張られると、大抵は自分もステージ2の意識状態になってしまうのです。

前述した通り、私は共同経営者同士での主導権争いを何度も経験してきました。

これはお互いにステージ2の意識状態で関わっていたので、「自分の考えが正しい」と主張し合い、物事が前に進まないという悪循環に陥ってしまうことが原因でした。

同じ夢や目標があっても、それぞれ大切にしている事柄や想いは微妙に違うものです。また、得意・不得意もそれぞれ違います。

そういったことに気づけるのも、ステージ3の意識状態に戻った時だけなのです。

そこで、このように問題が起きる度、私はステージ3の意識状態に戻れるように自己認識をしていきました。

すると、周囲はステージ1やステージ2の意識状態で関わりたくても、私がステージ3の意識状態にいる限りは、私との関係性において相手はステージ1やステージ2の意識状態になれないことに気づいたのです。

ちなみに、あなたがステージ1やステージ2の意識状態から抜け出してステージ3の意識状態に移行する時には、必ず相手に、関わり方を変えると伝える必要があります。

何も伝えずにあなたがステージ3の意識状態に移行すると、特に相手がステージ1の意識状態である場合は必ずと言っていいほど、相手は「見捨てられた」というネガティブな感情しか持たないからです。

伝えるべきことは、

「今、お互いがステージ1とステージ2の関係性でいること」

「お互いがステージ3の意識状態に戻り、ステージ4の意識状態で関わりたいこと」

をしっかり伝えれば、相手にも理解してもらいやすいのです（その時には、ぜひ本書をお渡ししてあげてください）。


今、あなたが関わっている相手が、どうしてもステージ1やステージ2の意識状態でしか人と関われないとすれば、その人はあなたの元から離れ、他のステージ1やステージ2の意識状態の人を引き寄せるでしょう。

＊＊＊

私は、このようにして、相手を変えることへの期待や執着を手放し、ステージ3の意識状態である「自己愛・自分軸・自己変革」への移行を繰り返す中で、ステージ1とステージ2の共依存の人間関係から自由になることができました。

その結果、様々なジャンルの人たちとのイベント企画や業務に関するコラボレーションがスムーズにいくようになりました。

また、多くの方と自然体で関わり、共に創造する喜びを共有することもできるようになったのです。

まずステージ1とステージ2の意識状態の人が目指すべきは、ステージ3の意識状態です。

そして、このステージの意識状態を定着させることで、ステージ4の意識状態へとスムーズに移動することが可能になります。

自分を受け入れることができたのであれば、その先の「他人を受け入れる」を目指してみましょう。そうすることで、他者と喜びや共感を分かち合い、今まで味わったことのない達成感や充実感を得ることができるのです。

ステージ3とステージ4の関係性

ステージ3とステージ4の大きな違いは、「他者を受け入れられている」かどうかです。

ステージ3の人は、等身大かつありのままの姿で個性や自由を堪能した生き方ができます。ステージ4の人は、ステージ3の人たちがお互いを認め合い、関わり合い、尊敬し合い、各々の個性や能力を活かし合いながら、共に新しいものを作り上げていきます。そのため、お互いを応援し合って共同創造をするので、これまで味わったことのない喜びや感動を経験することができるようになります。

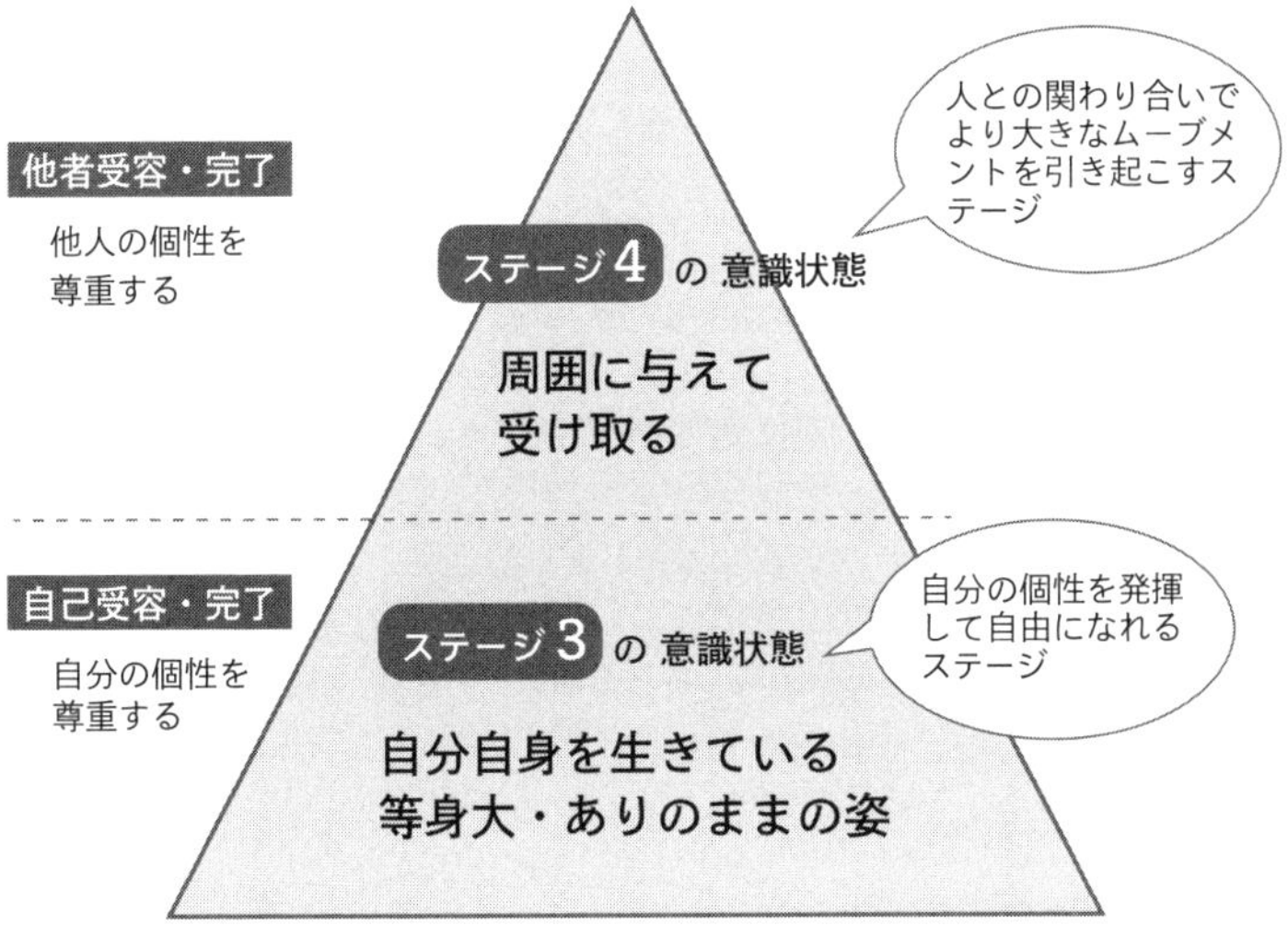

「間違った道に進むのではないか」

「ほうっておけば大変なことになるのではないのか」

　などといった恐れの感情が生まれてくるでしょう。しかし、ここを乗り切らなければ結果的に、子どものことを信頼できず、我が子に対するステージ２の意識状態を手放すことが難しくなってしまいます。


　また、「手を離して欲しい」と子どもが言い出した時に、親がそれを「自分が否定された」ように感じ、寂しさや親としての無価値感を抱くつらさから、無意識のうちにより過干渉となってしまうことがあります。こうして子どもをステージ１の意識状態に留めようとしてしまうのです。

　しかし、ここも親子で成長するタイミングの一つです。


親子関係とは本来、共依存の関係性からお互いが人生を学ぶプロセスです。

　ステージ１とステージ２の関係を乗り越えて、お互いが信頼と尊重で繋がるステージ３の意識状態を目指すという意識が大切です。

　こうしたフラットな関係こそが、親子を人として結び合わせ、生涯を通して離れることのない深い絆へと結びついていくのです。

Column 子どもの反抗期は、ステージ3への成長過程

子どもは大抵、小学五年生頃から中学生の時期に、自分の意思を強く主張し始め、反抗期という形で自立に向かおうとします。

親は戸惑うかもしれませんが、反抗するということは、親との共依存の関係を乗り越え、自分の人生を自分らしく生きるステージ3の意識状態に成長しようとしている証拠なのです。

子どもは親に反抗することで、ステージ1の意識状態から卒業しようと試みています。

一般的に親子間での共依存関係の場合は、ステージ2の意識状態の親よりも先に、ステージ1の意識状態の子どものほうから、徐々に共依存の関係を卒業していく兆候があります。

反抗期に、親が子離れできず、いつまでも「あれをしなさい」「これをしなさい」とステージ2の意識状態で子どもに接してしまうことは、極めて危険です。

子どもがことあるごとに親に助けられていたり、指示や命令でしか動けず、自立するタイミングを逃してしまった場合、大人になってからも

「常に親や誰かに依存しないと自分の力で生きてはいけない」

というステージ1の意識状態を持ち続けることになってしまうからです。

子どもが自分の考えや想いを主張し始めた時には、必要以上に助けず、手を貸さず、子どもの潜在能力や未来を信頼して、見守るということに徹することが大切なのです。

子どもの手を放し、子どもの考えを尊重して前に進ませる——親の立場からすれば、

おわりに

自分を浄化すると幸せになれる

皆さんはこの本を読み終わった段階で、こんなふうに思われていませんか？

結局のところ具体的には、どうやって自分自身を浄化していくの？

私自身、人間関係に苦しみ、たくさんのストレスで病気になりました。そのおかげで瞑想法や神仏の教え、心理学、スピリチュアル、レイキ療法、哲学など、様々な学びを実践していくことで、自分の思考や行動の癖あるいは習慣になっている、あらゆるパターンを自己認識して浄化していくことができたのです。

つまり、自分を浄化する為には、まずは自分の意識状態を自己認識する必要があります。

私が経験した気づきを人に伝えていくうちに、同じような学びを希望される方たちが増えていきました。そして、気づけば大勢の方々に私の気づきと実践方法を伝えていくようになっていったのです。

人生に絶望していた私が、

自分を浄化すれば幸せになれる

という真実に気づき、**まずは自分のことを理解し、意識状態を知る為の情報や知識を得ることが一番大切だ**、と確信したのです。

すべての問題には原因と結果があります。病気をしても、何の病気なのか医師が把握できなければ、処方する薬もわからず、治療はできません。

本書は、まず、今の自分自身の意識状態を「心の成長ステージ」という地図を使って自己認識していただき、人間関係で悩んだり、苦しんだりしているあなた自身に気づいていただくことを念頭に置いて書きました。

まずは他者ではなく、自分の意識状態に気づかなければ何も始まらないからです。

自己認識したら次に、「心の成長ステージ」をスムーズに高めていく為の方法をお話ししています。実践とは知識や頭の中だけの理解で留めておくのではなく、実際に現実を変

える為の行動を具体的に起こすことです。

「心の成長ステージ」は「内面成長の地図」でもあり、「自由と幸福へ向かう地図」でもあります。

ステージ1やステージ2の意識状態で人と関わる時、あなたは人間関係にストレスや重圧、苦痛、悔しさ、競争、争い、しがらみなど、摩擦を感じることが多いでしょう。

時には相手のことを、あなたの人生を邪魔する者のように感じることもあるでしょう。

その結果、心配や不安、不信感にも駆られやすく、自分への自信を失ったり、孤独やジレンマを感じたりしやすいものです。

誰だって、共依存の関係であるステージ1とステージ2の意識状態に留まっていたくはないはずです。

ここで、一つの疑問が浮かび上がります。

なぜ、ストレスや重苦しさに満ちた共依存の関係で過ごす人が、世の中にはこんなにも多いのでしょうか？

なぜ、ストレスフルなステージ1とステージ2の人間関係を変えることができないので

しょうか？

最大の問題は、

「多くの人は、今、自分自身がどのステージにいて、どんな意識状態でいるのかがわからない、気づいていない、無意識・無自覚のまま過ごしている」

ことです。

そのため、ストレスからの抜け出し方も見えてこないというわけです。

「心の成長ステージ」について知った今、あなたは自分自身のステージや意識状態について、いつでも「気づき、意識し、自覚する」ことができます。

このように考えることができれば、ステージ1やステージ2の意識状態から抜け出し、ステージ3やステージ4の意識状態へ意識的に移行することができるようになり、結果的にあなたの望む人や組織との「関わり方」を選択して、自身の人生の状況を変化させることも容易になるのです。

「もう無理だ……」と絶望した時やつらい時にこそ、この「心の成長ステージ」を参照して、あなた自身の本当の心と向き合ってください。必ずその先に、「本当になりたいあなた」が見えてきます。

「気づき」と「変化」を起こすごとに、あなたは「理想の自分」へと一歩ずつ近づいていくことになるのです。

時代の移り変わりと共に、人の生き方がより一層、二極化しているように私は感じます。

お金持ちか、貧困か……
精神的な世界に生きるか、物質的な世界に生きるか……

人間関係も同じです。

このまま、共依存の関係で生きるのか？
または、相互依存の関係で生きるのか？

ということの二極化が、最終的にこれからの時代において生き方を大きく左右していくでしょう。

これまで日本の社会を支配してきた共依存関係から自由になり、共に喜び合える仲間や人間関係を手に入れることが、人生を輝かせる鍵になるのです。

そのためにはまず、あなたの大切な人とステージ3の意識状態で関わることを目指せばいいのです。

無人島で独り、どれほどの大金や宝石を得ても、どれほど豪華な服や車を所有しても喜びがないように、幸福感・充実感・大いなる喜びは、ステージ3以上の意識状態で繫がりを持てる仲間や家族がいなければ、心から味わうことができません。

物事の達成やミラクルさえ、誰かと分かち合わなければつまらないものです。

これは裏を返せば、もしも人との関わりが常に苦痛とストレスに満ちているものならば、仮に社会的成功を体験しても味気ないものに終わるということです。

私たちの幸せや充実感、生きがい、喜びは、すべて人との関わりの中で生まれます。

運でさえ、人がもたらします。

あなたがステージ1やステージ2の意識状態から抜け出し、共依存関係から自由になる。そして、ステージ3の意識状態である〝ありのままの自分〟で他者と関われるようになった時、他者と創造的な関係を築き、喜びを分かち合う、ステージ4に意識状態である「共同創造」を体験する日がやって来ることでしょう。

そう、人は今、この瞬間から、誰でも幸せになれるのです。

岩崎順子

付 録

付録1「心の成長ステージ」・意識状態のチェック表

ここでは、「心の成長ステージ」の意識状態をより詳しく確認できるチェック表をご紹介します。

チェックが半分以上ついたステージが、あなたの今の意識状態です。「今回の結果＝あなた」ではなく、あなたの状況や関わる相手によって、ステージは常に変わります。

定期的にご自身の「心の成長ステージ」を確認することをお勧めします。

ステージ1　自己認識

- □ 人間関係や社会への期待や執着がある
- □ 現実問題から逃避している
- □ 自己責任や自己認識から逃避している
- □ 慢性的な体調不良や肉体疲労がある
- □ 誰かの指示でずっとしたくないことをしている
- □ いつも誰か（親や兄弟、上司など）が助けてくれる
- □ 親や上司、夫や妻がうっとうしい
- □ 一人暮らしをする自信がない
- □ 現状を変えることなどできないと思っている
- □ 自分のことがあまり好きではない
- □ 今の社会のせいでやりたいことができない
- □ 我慢していることがある

他人軸・自分を信頼できない

他者への依存状態です

ステージ2　自己受容

- □ 人間関係や社会に対して期待や執着がある
- □ 問題に向き合わず切り捨てている
- □ 自分のやりたいことはいつも後回しになる
- □ 慢性的な体調不良や肉体疲労がある
- □ 人間関係や仕事などに苛立ちやジレンマがある
- □ 何かの為、誰かの為に自分がやらないといけないと思う
- □ 自分を犠牲にしてでも誰かを救いたい、助けたいと思う
- □ 一人は寂しいので家族や仲間と一緒にいたい
- □ 自分の幸せをじっくり考える余裕がない
- □ 期待されると「応えないといけない」と思ってしまう
- □ 好きなことを我慢している
- □ 頑固で、妥協できない

他人軸・自分を優先できない

他者への依存状態です

ステージ3　自己変革

- □ 趣味でストレスを解消している
- □ 仕事が充実している
- □ 自然体で、背伸びや無理はしない
- □ 木や海、山、動物など、自然に触れることが多い
- □ 自分なりの休息の取り方を心得ている
- □ 好きな人やモノ、環境に囲まれている
- □ 好きなことや得意なことを仕事としている
- □ 自分のハッピーが周囲にも繋がっている
- □ 自分は運が良い、すべては皆のおかげだと思う
- □ 何事もとりあえずやってみることができる
- □ 「自分は自分」「他人は他人」と問題を区別できる
- □ 他者の力にはなるが、他者を救おうとは思わない
（本当の意味で自分を救えるのは自分だけだと悟っている）

自分軸・自分の人生を生きている状態です

ステージ4　他者受容

- □ 誰かと共通の目標を目指している
- □ 物事の現実化に取り組む努力や行動をし、積極性がある
- □ 新たなる挑戦と革命（チャレンジ）に向かえる
- □ 指示や命令など上から目線でモノを言う人が周りにいない
- □ やりたいことや好きなことをすると喜ばれる
- □ 一人でも孤独感はなく、誰かと繋がっているように感じる
- □ 自然と社会貢献に携わっている
- □ 自分の役割は単に歯車の一つという感じで気負いがない
- □ 指示がなくてもスムーズに物事が進められる
- □ 皆のおかげでやりたいことができていると思う

自分軸・共同創造ができている
相互依存の状態です

付録2「心の成長ステージ」を高めていく手順表

自分の「心の成長ステージ」を認識した後、ステージの概要や意識状態を知った上で、具体的な手順を踏んでいく必要があります。

ここでは、「心の成長ステージ」を高めていく為に、あなたがどのような手順を踏んで行動すれば良いかをご紹介します。

手順1 自己認識

概要	自分自身の「心の成長ステージ」を認識する
"自己認識"で注意すること	「自分は悪くない」「悪いのは相手だ」というふうに、問題の原因を相手や自分の外側（社会や環境など）に持っていかない。「相手が100%悪い」と思っていても、自分の感情に意識を向けて、認識する。
意識状態	• 悩んでいることの問題点や原因がわからず、無自覚である • 何かや誰かを諦められない • 何かや誰かに執着している • 理由はわからないが、イライラしたり、モヤモヤする • 答えの出ないことをぐるぐると考えている • 自分は変わる必要がないと思っている
具体的な方法	• 自分の個性を確認する為に、紙に書き出す • 相手が変わることを期待していないか確認する • 信頼できる人から、客観的なアドバイスをもらう • 過去の記憶が原因でネガティブな感情になっていないか確認する • 本当は自分がどうなりたいのかを、正直かつ素直な気持ちで考える

手順2 自己受容

概要	自分を否定せず、ありのままの自分を受け入れる
"自己受容"で注意すること	自分の短所や嫌な面を受け入れてしまうと、嫌な自分になるのではないかと不安や恐れの感情が現れるが、そこを乗り越える必要がある。
意識状態	• 悩んでいることの問題点や原因はわかるが、受け入れを拒否している • 自分の努力や頑張りを労えない • 自分と戦っている • 他者のことを理解しようとしない
具体的な方法	• 素直に自分の感情を観察して、感じる • 癖や習慣を変えられない自分を否定しない • 自分の個性やタイプを受け入れる • 好きなことを我慢せず、自分に与える • 元気な身体があってこそと、自分を大切にする •「できないこともある」と受け入れる

手順3 自己変革

概要	「心の成長ステージ」を上げる意識を持ち、行動する
"自己変革"で注意すること	手順2 の自己受容ができると、自然と意識状態が変わり、自己変革が起こり出す。新たな意識状態を大切にし、古い意識状態のパターンに戻らないように気を引き締める必要がある。
意識状態	•自己実現に向けて行動や努力をしている •大きな手放しを終えて、精神的に成長している •小さな悟りを積み重ねている
具体的な方法	•どんなに気が合う相手でも、「自分とは生き方が違うのだと」思うように心がける •共依存を生み出す思考の癖や行動パターンを認識し、意識して変える •結果に囚われず、やりたいことや新しいことにチャレンジする •なりたい自分の生き様や方向性を紙に書き出す •周囲と足並みをそろえるよりも、一人行動を意識する

手順4 他者受容

概要	他人の考えや個性を尊重し、受け入れる
“他者受容”で注意すること	他者受容は、「皆と仲良くしなさい」「皆を受け入れなければならない」というものではない。「どんな人でもオンリーワンの考えや価値観を持っている」と思い、相手をただ受け入れるようにする。
意識状態	• 望む自分や状況が手に入っている • 誰かと共に夢や目標を分かち合っている • 一人では達成できない夢や目標を持っている • 自分とは違う他人の個性を尊重している
具体的な方法	• 社会貢献やボランティア活動に参加する • 気の合う仲間と旅に出たり、ワクワクすることを計画する • 叶えたい理想や願望を周囲に伝える • 同じ目標を持っている人がいても、「やり方や考え方は違う」と理解する • 過度な期待や依存をされそうになった場合、自分の意見や考えを恐れずに伝える

著者紹介

岩崎順子（いわさき・じゅんこ）

20代は、エステティシャンとして活動し、実績を積み重ね、物質的成功を収める。その後、仕事や家庭内での人間関係によるストレスで、心身症と急性胃腸炎で入院し、退職。1998年、レイキ療法に救われ、レイキの道に進む。同年、ヒーリングサロンをオープン。レイキ以外に心理・哲学・波動・動物セラピーなど、様々な学びを探求し、体系化する。2005年、レイキの協会を発起し、全国や海外で指導するが、組織の体制に合わず10年後に退任。2015年、元の氣塾を設立。医師や看護師など指導者に向けたセラピスト養成講座を開始。2017年、非営利法人 日本レイキ療法学会を設立。少年院から出院した人の社会復帰を支援する良心塾などの活動を支援する。2020年より和歌山にて自然農法や農地開拓など田舎暮しを推奨する活動を本格的に行っている。

著書に『あなた自身がパワースポットになる方法』(2015年・文芸社)、『Life-彼女の生きた道』(共著・2017年・せせらぎ出版)がある。

●ホームページ
http://www.motonoki-reiki.com

編集協力　鍋嶋純

自分《じぶん》を浄化《じょうか》すると幸《しあわ》せになれる
～人生《じんせい》のステージを高《たか》めればすべてうまくいく～　〈検印省略〉

2021年　2　月　28　日　第　1　刷発行

著　者――岩崎　順子（いわさき・じゅんこ）
発行者――佐藤　和夫

発行所――株式会社あさ出版
〒171-0022　東京都豊島区南池袋 2-9-9 第一池袋ホワイトビル 6F
電　話　03 (3983) 3225 (販売)
　　　　03 (3983) 3227 (編集)
F A X　03 (3983) 3226
U R L　http://www.asa21.com/
E-mail　info@asa21.com
振　替　00160-1-720619

印刷・製本 (株) シナノ

facebook　http://www.facebook.com/asapublishing
twitter　http://twitter.com/asapublishing

ISBN978-4-86667-261-8 C0077